Introdução à
PESQUISA OPERACIONAL

www.editorasaraiva.com.br

André Andrade Longaray

Introdução à
PESQUISA
OPERACIONAL

Rua Henrique Schaumann, 270
Pinheiros – São Paulo – SP – CEP: 05413-010
Fone PABX: (11) 3613-3000 • Fax: (11) 3611-3308
Televendas: (11) 3613-3344 • Fax vendas: (11) 3268-3268
Site: http://www.editorasaraiva.com.br

Filiais

AMAZONAS/RONDÔNIA/RORAIMA/ACRE
   Rua Costa Azevedo, 56 – Centro
   Fone/Fax: (92) 3633-4227 / 3633-4782 – Manaus

BAHIA/SERGIPE
   Rua Agripino Dórea, 23 – Brotas
   Fone: (71) 3381-5854 / 3381-5895 / 3381-0959 – Salvador

BAURU/SÃO PAULO (sala dos professores)
   Rua Monsenhor Claro, 2-55/2-57 – Centro
   Fone: (14) 3234-5643 – 3234-7401 – Bauru

CAMPINAS/SÃO PAULO (sala dos professores)
   Rua Camargo Pimentel, 660 – Jd. Guanabara
   Fone: (19) 3243-8004 / 3243-8259 – Campinas

CEARÁ/PIAUÍ/MARANHÃO
   Av. Filomeno Gomes, 670 – Jacarecanga
   Fone: (85) 3238-2323 / 3238-1331 – Fortaleza

DISTRITO FEDERAL
   SIA/SUL Trecho 2, Lote 850 – Setor de Indústria e Abastecimento
   Fone: (61) 3344-2920 / 3344-2951 / 3344-1709 – Brasília

GOIÁS/TOCANTINS
   Av. Independência, 5330 – Setor Aeroporto
   Fone: (62) 3225-2882 / 3212-2806 / 3224-3016 – Goiânia

MATO GROSSO DO SUL/MATO GROSSO
   Rua 14 de Julho, 3148 – Centro
   Fone: (67) 3382-3682 / 3382-0112 – Campo Grande

MINAS GERAIS
   Rua Além Paraíba, 449 – Lagoinha
   Fone: (31) 3429-8300 – Belo Horizonte

PARÁ/AMAPÁ
   Travessa Apinagés, 186 – Batista Campos
   Fone: (91) 3222-9034 / 3224-9038 / 3241-0499 – Belém

PARANÁ/SANTA CATARINA
   Rua Conselheiro Laurindo, 2895 – Prado Velho
   Fone: (41) 3332-4894 – Curitiba

PERNAMBUCO/ ALAGOAS/ PARAÍBA/ R. G. DO NORTE
   Rua Corredor do Bispo, 185 – Boa Vista
   Fone: (81) 3421-4246 / 3421-4510 – Recife

RIBEIRÃO PRETO/SÃO PAULO
   Av. Francisco Junqueira, 1255 – Centro
   Fone: (16) 3610-5843 / 3610-8284 – Ribeirão Preto

RIO DE JANEIRO/ESPÍRITO SANTO
   Rua Visconde de Santa Isabel, 113 a 119 – Vila Isabel
   Fone: (21) 2577-9494 / 2577-8867 / 2577-9565 – Rio de Janeiro

RIO GRANDE DO SUL
   Av. A. J. Renner, 231 – Farrapos
   Fone: (51) 3371- 4001 / 3371-1467 / 3371-1567 – Porto Alegre

SÃO JOSÉ DO RIO PRETO/SÃO PAULO (sala dos professores)
   Av. Brig. Faria Lima, 6363 – Rio Preto Shopping Center – V. São José
   Fone: (17) 3227-3819 / 3227-0982 / 3227-5249 – São José do Rio Preto

SÃO JOSÉ DOS CAMPOS/SÃO PAULO (sala dos professores)
   Rua Santa Luzia, 106 – Jd. Santa Madalena
   Fone: (12) 3921-0732 – São José dos Campos

SÃO PAULO
   Av. Antártica, 92 – Barra Funda
   Fone PABX: (11) 3613-3666 – São Paulo

304.201.001.001

ISBN 978-85-02-21307-4

CIP-BRASIL. CATALOGAÇÃO NA FONTE
SINDICATO NACIONAL DOS EDITORES DE LIVROS, RJ.

L862c

Longaray, André Andrade
   Introdução à pesquisa operacional / André Andrade Longaray. – 1. ed. - São Paulo : Saraiva, 2013.

   ISBN 978-85-02-21307-4

   1. Pesquisa operacional. 2. Administração. 3. Economia 4. Contabilidade. I. Título.

13-03499
CDD-658.4034
CDU-005.31

Copyright © André Andrade Longaray
2014 Editora Saraiva
Todos os direitos reservados.

Direção editorial	Flávia Alves Bravin
Coordenação editorial	Rita de Cássia da Silva
Editorial universitário	Luciana Cruz
	Patricia Quero
Editorial de negócios	Gisele Folha Mós
Produção editorial	Daniela Nogueira Secondo
	Rosana Peroni Fazolari
Produção digital	Nathalia Setrini Luiz
Suporte editorial	Najla Cruz Silva
Arte e produção	ERJ Composição Editorial
Capa	Guilherme P. Pinto
Produção gráfica	Liliane Cristina Gomes
Impressão e acabamento	Assahi Gráfica

Contato com o editorial
editorialuniversitario@editorasaraiva.com.br

1ª edição

Nenhuma parte desta publicação poderá ser reproduzida por qualquer meio ou forma sem a prévia autorização da Editora Saraiva. A violação dos direitos autorais é crime estabelecido na lei nº 9.610/98 e punido pelo artigo 184 do Código Penal.

Para Luciane Longaray, um anjo
que me deu coragem e iluminou minha vida!

Agradecimentos

Aprendi, desde a mais tenra idade, que sempre que não alcançamos um objetivo a responsabilidade é somente nossa. De outro lado, quando somos exitosos na consecução de nossas metas, a vitória é o somatório do apoio recebido, mesmo que de forma indireta ou inconsciente, das pessoas que nos cercam.

Por isso, quero inicialmente agradecer a toda a minha família, na figura da minha mãe Lenir e de meus irmãos Alexandre e Elisabete. Foram muitos momentos de privação do convívio familiar, mas sempre com o apoio afetivo e moral incondicional deles.

Quero deixar público também o incentivo de meu querido e dedicado filho André. O interesse no assunto do livro e os constantes questionamentos sobre o quanto eu havia avançado no trabalho me serviram, muitas vezes, de fonte de inspiração.

Não posso me esquecer de citar minha namorada Patrícia. Sua atitude proativa, sempre com mensagens de cunho positivo e cobranças incessantes por resultados em relação a este projeto, fortaleceu ainda mais o meu ímpeto.

Agradeço a meus mestres na área, o professor Eduardo Anselmi (*in memoriam*) e o professor Leonardo Ensslin. O primeiro estabeleceu meu contato inicial com a pesquisa operacional no curso de graduação. O segundo, com sua extrema competência, me estimulou a desbravar as potencialidades dessa incrível área científica.

Quero explicitar também meu reconhecimento à Universidade Federal do Rio Grande (FURG), na figura de todos seus professores, servidores, acadêmicos e demais membros da comunidade universitária. Sinto muito orgulho em fazer parte dessa instituição.

Gostaria ainda de agradecer à Editora Saraiva, por acreditar no projeto *Introdução à Pesquisa Operacional*. Aos revisores e todos os envolvidos no processo de editoração e publicação do livro e, em especial, à editora Ana Paula Matos, meu muito obrigado.

André Andrade Longaray

Sobre o autor

ANDRÉ ANDRADE LONGARAY é bacharel em Administração – habilitação em Empresas pela Universidade Federal do Rio Grande (FURG), mestre em Administração, área de concentração de Gestão e Políticas Institucionais (CPGA/UFSC) e doutor em Engenharia de Produção, com ênfase em Gestão de Negócios (PPGEP/UFSC).

É professor associado na FURG, onde atua como professor titular da cadeira de Pesquisa Operacional para cursos de graduação há quase duas décadas. Além disso, é docente de cursos de pós-graduação *lato sensu* nas disciplinas Métodos Quantitativos, Sistemas de Informações nas Organizações e Tomada de Decisão Gerencial.

Possui trabalhos acadêmicos na área de Pesquisa Operacional, publicados em periódicos e apresentados em diversos eventos nacionais como ENANGRAD, ENANPAD, SBPO e ENEGEP.

Internacionalmente, apresentou e teve publicados os resultados de suas pesquisas em congressos na Alemanha (International Annual Scientific Conference of the German Operations Research Society – OR), na Índia (International Conference on Operational Research for Development – ICORD) e Itália (Annual Conference of the Italian Operational Research Society – AIRO).

É sócio da Associação Brasileira de Engenharia de Produção (ABEPRO) e da Sociedade Brasileira de Pesquisa Operacional (SOBRAPO).

Também é consultor *ad hoc* da Fundação de Amparo à Ciência e Tecnologia de Pernambuco (FACEPE) e do Prêmio de Incentivo à Ciência e Tecnologia do SUS, e representante do teste da Associação Nacional dos Programas de Pós-Graduação em Administração (TESTE ANPAD) para o Rio Grande do Sul.

Recentemente, participou do Edital 15/2010 da CAPES – "Fomento ao uso de tecnologias da informação e comunicação nos cursos de graduação", onde foi responsável pela elaboração de material didático da matéria de Pesquisa Operacional voltado ao público de cursos de graduação à distância.

Atualmente, desempenha a função de coordenador local do curso de pós-graduação à distância em Gestão Pública Municipal, oferecido em ação conjunta entre a FURG, a Universidade Aberta do Brasil (UAB) e a Coordenação de Aperfeiçoamento de Pessoal de nível Superior (CAPES), com polos nas regiões centro e sul do Rio Grande do Sul.

Na área organizacional, presta consultoria a empresas e realiza cursos *in company* sobre Metodologia de Análise e Solução de Problemas, Gerenciamento da Rotina com o uso de Ferramentas Matemáticas ou Estatísticas e sobre Otimização e Simulação Empresarial.

Contato com o autor: aalongaray@editorasaraiva.com.br

Prefácio

Houve um tempo em que se pensava que tomar decisões competitivas era um dom. A expansão das consequências das decisões, porém, tornou essas estratégias não recomendáveis.

Emergiu, então, o uso de modelagens matemáticas que trouxeram maior fundamentação ao processo de tomada de decisão. A racionalidade e as soluções ótimas imperaram nesses ambientes.

As mudanças ocorridas nas últimas décadas, quanto à velocidade das transformações, à dificuldade de estabelecer as fronteiras dos ambientes, à dificuldade de identificar as variáveis e os objetivos, e à necessidade de ter em conta múltiplos objetivos que competiam entre si frustrou, porém, os praticantes dos modelos racionalistas.

Assim, é com satisfação que vejo esse vácuo entre os praticantes dos ambientes decisórios e o dos teóricos racionalistas ser preenchido por esta obra, escrita pelo professor André Andrade Longaray.

Recomendo o livro *Introdução à Pesquisa Operacional* a todos os que necessitam comprovar a fundamentação de suas decisões, assim como aos teóricos racionalistas, prescritivistas e construtivistas que buscam compreender como a matemática pode ajudar a tomar decisões mais competitivas.

LEONARDO ENSSLIN
Pós-doutor em Pesquisa Operacional (Lancaster University, UK)
Ph.D em Engenharia Industrial e Sistemas (University of Southern California – USC, USA)
Superintendente do Laboratório de Metodologias Multicritério de Apoio à Decisão (LabMCDA)
Professor Titular do Departamento de Engenharia de Produção
da Universidade Federal de Santa Catarina (UFSC)

Apresentação

A disciplina de Pesquisa Operacional faz parte da grade curricular da maioria dos cursos de graduação em Administração, Economia, Ciências da Computação, Matemática Aplicada e das Engenharias de nosso país. Em algumas faculdades, essa disciplina também é chamada de Fundamentos de Métodos Quantitativos ou, ainda, simplesmente, de Tomada de Decisão.

Devido a sua importância como ferramenta de análise gerencial, é cada vez mais usual verificar a presença dos conteúdos da Pesquisa Operacional no elenco e nas ementas das disciplinas ministradas em cursos de pós-graduação, em nível de especialização, nas áreas de gestão de negócios, gestão da produção e gestão empresarial.

A Pesquisa Operacional, em sua essência, tem por orientação apresentar técnicas com potencial para auxiliar as pessoas na tomada de decisão, integrando, para isso, a matemática ao dia a dia gerencial.

Entretanto, a experiência como docente em cursos de graduação, pós-graduação e de aperfeiçoamento profissional (cursos *in company*) nos últimos vinte anos me fez perceber que a associação dos conhecimentos matemáticos formalmente adquiridos ao cotidiano pessoal e organizacional não é tarefa simples.

A grande maioria dos alunos de cursos no âmbito da área das Ciências Exatas sente-se extremamente à vontade com os algoritmos e modelos matemáticos da pesquisa operacional. Contudo, experimentam certo desconforto em transpor esse saber para seu dia a dia na empresa.

De outro lado, alunos das áreas das Ciências Sociais Aplicadas se decepcionam e desistem da Pesquisa Operacional antes mesmo do término da primeira aula da disciplina na graduação; basta, para isso, o professor apresentar algum algoritmo de otimização. Muitos desses alunos, oriundos de cursos eminentemente mais humanísticos, têm a ideia preconcebida de que a matemática racionaliza e, portanto, condiciona, restringe o modo de pensar e agir do indivíduo.

O objetivo do livro *Introdução à Pesquisa Operacional* é propor ao leitor a conciliação entre as duas perspectivas que, no meu entendimento, não são divergentes, mas sim complementares. Para isso, procura manter a apresentação dos assuntos em um formato simples, enxuta. Optei por descrever os aspectos matemáticos de forma robusta, sempre associando a teoria à prática, e por utilizar exemplos que levassem o leitor gradualmente ao entendimento do tópico. Sempre que apropriada é feita a utilização da noção intuitiva do tema.

Em termos de conteúdo, a singularidade do livro, segundo os meus propósitos, encontra-se no tratamento diferenciado dado ao processo de definição de um problema, elaboração de seu modelo e construção do algoritmo (Capítulo 2), bem como no detalhamento de todos os componentes de um modelo de otimização, variáveis, constantes, suas relações e importância (Capítulo 3).

O livro está estruturado em nove capítulos que contemplam o currículo mínimo da maior parte das ementas de disciplinas introdutórias de Pesquisa Operacional dos cursos de graduação, conforme mostra a figura a seguir:

Figura I   Estrutura do livro

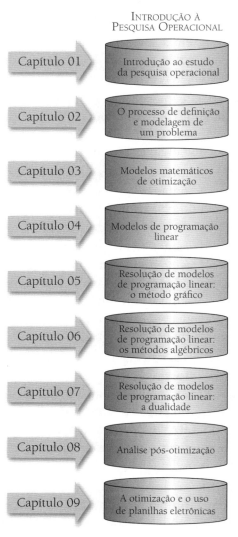

Apresentação

Cada capítulo contém uma seção de atividades na internet, na qual o leitor terá a oportunidade de aliar o conhecimento adquirido ao mundo real das organizações. Também há uma seção com exercícios de revisão para exercitar e mensurar o aprendizado. Somado a isso, todos os capítulos do livro possuem um estudo de caso para ser realizado, preferencialmente, entre equipes de alunos e, depois, apresentado e discutido em sala de aula.

O **Capítulo 1** tem por objetivo apresentar a Pesquisa Operacional ao leitor. Para tanto, primeiramente a caracteriza como um ramo da ciência dedicado ao processo decisório. Na sequência, suas origens e cronologia histórica são descritas e uma ideia inicial sobre os modelos utilizados nas técnicas da pesquisa operacional é referenciada. A seguir, o capítulo aborda o encadeamento de etapas a serem observadas por aqueles que pretendem aplicar as técnicas da Pesquisa Operacional na solução de problemas. Por último, demonstra como o recurso gerenciador de cenários, uma ferramenta do *software* Microsoft Excel, pode ser útil na resolução de problemas.

O **Capítulo 2** refere-se ao processo de definição e modelagem de problemas. Em linhas gerais, estabelece a importância da correta delimitação do problema e do reconhecimento dos aspectos interagentes dentro de um contexto específico, bem como do desenvolvimento de um modelo como seu instrumento de representação.

O **Capítulo 3** aborda os modelos de otimização. Caracteriza e apresenta os principais conceitos atinentes aos mesmos e descreve a estrutura básica dos problemas de programação matemática, os quais fundamentam algebricamente os algoritmos dos modelos de otimização.

O **Capítulo 4** demonstra o significado do termo *linearidade* e detalha a estrutura algébrica de um modelo de programação linear (PL). Nele, também são apresentados os esquemas de algoritmo para os tipos de problemas mais usuais de aplicação da PL, tais como o problema do *mix* de produção, o problema da análise das atividades, o problema da dieta, o problema do transporte, o problema da mistura, o problema da designação e o problema da alocação de equipes de trabalho. Por fim, são delineadas as principais hipóteses que os modelos de programação linear devem observar.

O **Capítulo 5** descreve a definição intuitiva do método gráfico da programação linear. Delineia as fases do processo de resolução gráfica, composto pela construção do polígono de restrições e pela determinação do vértice da solução ótima. Por fim, aponta as limitações ao emprego do método.

O **Capítulo 6** detalha o método SIMPLEX, apresentando, inicialmente, as bases que fundamentam matematicamente os métodos algébricos. Na sequência, descreve as etapas para a resolução algébrica dos modelos de programação linear usando o

SIMPLEX. Discorre ainda sobre os casos especiais da minimização, da solução básica inicial, do empate nas variáveis de entrada e do empate nas variáveis que saem da base, do problema da variável livre, além dos casos em que ocorrem as múltiplas soluções ou soluções ilimitadas.

O **Capítulo 7** explica ao leitor como fazer uso dos modelos duais da programação linear. Para tanto, a dualidade é definida, assim como é detalhado o processo de transformação de um modelo primal de programação linear em seu respectivo modelo dual. Também é explicada a conversão dual para as exceções da variável livre e da restrição com sinal de igualdade. Por último, é realizada a análise da relação entre a solução ótima de um modelo primal e a solução ótima do mesmo modelo em sua forma dual.

O **Capítulo 8** tem por objetivo descrever a análise pós-otimização em modelos de programação linear. Primeiro, introduz o conceito de *análise de sensibilidade*. Depois, apresenta os passos para a realização da interpretação econômica em modelos primais e, na sequência, delineia o processo de análise para os modelos duais.

O **Capítulo 9** trata do uso de planilhas eletrônicas em otimização. Apresenta os requisitos para instalação e uso do *software* SOLVER® em um microcomputador. Na sequência, expõe o processo de inserção dos dados do problema, bem como das restrições e da função-objetivo do algoritmo de programação linear na planilha do MS Excel®. Depois, demonstra os passos para a obtenção da solução do modelo com o uso de suplemento Solver. Por fim, tece considerações sobre os relatórios de resposta, sensibilidade e limites obtidos por meio do SOLVER e como interpretá-los.

Sumário

Capítulo 1 ▶ Introdução ao estudo da Pesquisa Operacional (PO)   1

    1.1 A pesquisa operacional como a ciência
das decisões 2

    1.2 Origens da pesquisa operacional 4

    1.3 Os modelos na pesquisa operacional 6

    1.4 Etapas para a resolução de problemas usando
a pesquisa operacional 11

    1.5 Introdução à modelagem com planilhas eletrônicas 13

        Destaques do capítulo 21

        Atividades na internet 22

        Exercícios de revisão 22

        Estudo de caso 24

        Referências 25

Capítulo 2 ▶ O processo de definição e modelagem de um problema   27

    2.1 Definição de um problema 28

    2.2 Estratégias para a definição de um problema 31

    2.3 Modelagem de um problema 34

    2.4 Estratégias para a modelagem de um problema 35

    2.5 Princípios para a modelagem de problemas 37

        Destaques do capítulo 39

        Atividades na internet 39

        Exercícios de revisão 40

        Estudo de caso 41

        Referências 42

Capítulo 3 ▶ Modelos matemáticos de otimização   45

    3.1 Definição de modelo de otimização 45

    3.2 O objetivo de um modelo de otimização 46

    3.3 As restrições de um modelo de otimização 47

    3.4 As variáveis de um modelo de otimização 48

    3.5 As constantes de um modelo de otimização 50

    3.6 A estrutura lógica de um modelo de otimização 51

3.7 A estrutura matemática de um modelo de otimização 52

Destaques do capítulo 54

Atividades na internet 54

Exercícios de revisão 54

Estudo de caso 56

Referências 57

CAPÍTULO 4 ▶ Modelos de programação linear   59

4.1 Significado de linearidade 60

4.2 Estrutura algébrica de um modelo de programação linear 61

4.3 Exemplos de estruturas de modelagem algébrica
de programação linear 62

4.4 Hipóteses da programação linear 70

Destaques do capítulo 70

Atividades na internet 71

Exercícios de revisão 72

Estudo de caso 75

Referências 77

CAPÍTULO 5 ▶ Resolução de modelos de programação linear: o método gráfico   79

5.1 Definição intuitiva do método gráfico 80

5.2 Fases de resolução de modelos de programação linear
por método gráfico 82

5.3 Casos em que a solução não é um dos vértices do polígono 93

5.4 Limitações do método gráfico 96

Destaques do capítulo 97

Atividades na internet 97

Exercícios de revisão 98

Estudo de caso 99

Referências 100

**CAPÍTULO 6 ▶ Resolução de modelos de programação linear:
os métodos algébricos**   101

6.1 Base matemática dos métodos algébricos 102

> Sumário

6.2 O método algébrico SIMPLEX 103

Destaques do capítulo 137

Atividades na internet 138

Exercícios de revisão 138

Estudo de caso 141

Referências 142

CAPÍTULO 7 ▸ Resolução de modelos de programação linear: a dualidade   143

7.1 Definição de dualidade 144

7.2 O processo de conversão de um algoritmo *primal* em *dual* 144

7.3 As exceções da variável livre e das restrições
com sinal de igualdade 147

7.4 Analogia entre as soluções *primal* e *dual* 149

Destaques do capítulo 151

Atividades na internet 152

Exercícios de revisão 152

Estudo de caso 155

Referências 156

CAPÍTULO 8 ▸ Análise pós-otimização   157

8.1 Análise de sensibilidade em programação linear 158

8.2 Interpretação econômica do primal 159

8.3 Interpretação econômica do dual 164

Destaques do capítulo 167

Atividades na internet 168

Exercícios de revisão 168

Estudo de caso 170

Referências 171

CAPÍTULO 9 ▸ A otimização e o uso de planilhas eletrônicas   173

9.1 Requisitos de *hardware*, *software* e etapas de instalação
do SOLVER 174

9.2 Inserção de um modelo de programação linear na planilha
do Excel 175

9.3 Cálculo da solução ótima empregando o suplemento SOLVER 177

9.4 Os relatórios de resposta, sensibilidade e limites do SOLVER 182

Destaques do capítulo 187

Atividades na internet 187

Exercícios de revisão 187

Estudo de caso 190

Referências 191

▶ **REFERÊNCIAS**   193

▶ **RESPOSTAS DOS EXERCÍCIOS DE REVISÃO**   199

Introdução ao estudo da Pesquisa Operacional (PO)

O século XX foi de extrema importância para a geração e a propagação de conhecimentos para a humanidade. Com um número incontável de descobertas e invenções, trouxe avanço para quase todos os campos do conhecimento. Nesse cenário, a pesquisa operacional emergiu e se consolidou como a ciência das decisões.

Formalmente, *pesquisa operacional* pode ser definida como o conjunto de técnicas que faz uso do método científico para auxiliar as pessoas a tomarem decisões. Entretanto, mais do que uma disciplina acadêmica, lecionada em cursos de graduação e pós-graduação, a pesquisa operacional tem sido amplamente empregada como abordagem gerencial de resolução de problemas nos mais diversos setores da sociedade mundial.

> **Pesquisa operacional**
> Conjunto de técnicas que faz uso do método científico para auxiliar as pessoas a tomarem decisões.

Seu surgimento, ainda na primeira metade do século XX, foi resultado dos esforços conjuntos de cientistas das mais diversas áreas do conhecimento para fins militares. Contudo, foi a partir da década de 1950, na economia do pós-guerra, que a pesquisa operacional teve grande espectro de aplicação nas empresas.

Uma das explicações para o sucesso da pesquisa operacional no âmbito empresarial reside na objetividade das técnicas que conformam seu arcabouço metodológico, instrumentalizadas na prática por meio de modelos que têm a potencialidade de traduzir, de forma clara, objetiva e estruturada, as situações problemáticas vivenciadas no dia a dia organizacional.

A evolução da informática também corroborou para esse êxito. Muitas técnicas da pesquisa operacional, que antes prescindiam de *softwares* especialistas, hoje adotam planilhas eletrônicas.

Diante disso, este capítulo tem por objetivo apresentar a pesquisa operacional ao leitor. Para tanto, primeiramente a caracteriza como um ramo da ciência dedicado ao processo decisório. Na sequência, são descritas suas origens e sua cronologia histórica. Depois, é referenciada uma ideia inicial sobre os modelos utilizados nas técnicas da pesquisa operacional. Então, o capítulo aborda o encadeamento de etapas a serem observadas por aqueles que pretendem aplicar as técnicas da pesquisa operacional na solução de problemas. Por último, demonstra como o recurso gerenciador de cenários, uma ferramenta do *software* Microsoft Excel, pode ser útil na resolução de problemas.

1.1 A PESQUISA OPERACIONAL COMO A CIÊNCIA DAS DECISÕES

O curso da existência de qualquer pessoa é decorrência das decisões tomadas por ela e pelas consequências das decisões que são tomadas por outros indivíduos, mas, ainda assim, podem afetá-la direta ou indiretamente.

Assumindo essa perspectiva, é possível dizer que as decisões delimitam a vida do ser humano. O êxito em cada um dos papéis que uma pessoa desempenha na sociedade e no mundo – o de estudante, funcionário, chefe, cidadão, cônjuge, pai ou mãe, indivíduo – está diretamente relacionado às decisões que ela toma.[1]

A importância dessas decisões pode ser evidenciada pela diversidade de situações com as quais o indivíduo defronta-se rotineiramente, envolvendo as mais variadas questões, com diferentes níveis de complexidade, e cujo desfecho depende de algum tipo de intervenção humana.[2]

Cohen[3] amplia esse enfoque ao afirmar que em poucas atividades as pessoas têm tanta experiência quanto na prática decisória. "Tomamos dezenas, talvez centenas de decisões por dia (alguns segundos atrás, por exemplo, você decidiu começar a ler este texto, e a qualquer momento pode decidir parar)".

Apesar de as decisões estarem inseridas no dia a dia do homem, ainda são poucas as pessoas que, em algum momento da vida, procuram usar os conhecimentos

---

1 HAMMOND, J. S.; KEENEY, R.; RAIFFA, H. *Decisões inteligentes*. Rio de Janeiro: Elsevier, 2004.

2 LONGARAY, A. A. *Estruturação de situações problemáticas baseada na integração da Soft Systems Methodology e da MCDA Construtivista*. 2004. 396 f. Tese (Doutorado em Engenharia de Produção) – Programa de Pós-Graduação em Engenharia de Produção, Universidade Federal de Santa Catarina, Florianópolis, 2004.

3 COHEN, D. Você sabe tomar decisão? *EXAME*, edição 746, ano 35, n. 16, São Paulo, p. 41, ago. 2001.

advindos da ciência para desenvolver a habilidade de decidir. Em grande parte das vezes, o aprendizado se dá pela experiência. Entretanto, a prática tem demonstrado que nem sempre experiências resultantes de decisões anteriores são suficientes para a resolução de um novo problema.

Segundo Hammond, Keeney e Raiffa,[4] como as situações de decisão variam muito, a prática adquirida com uma decisão importante não ajuda muito no momento de tomar a próxima. É extremamente árduo, por exemplo, estabelecer como a experiência adquirida ao se decidir sobre a compra de um automóvel poderá auxiliar na tomada de decisão sobre a melhor opção de plano médico para a família.

Isso não implica, contudo, afirmar que não há aprendizado com a prática e que não se possam melhorar as decisões a partir das experiências vivenciadas. Apenas demonstra que a conexão entre as decisões está, conforme Hammond, Keeney e Raiffa, "[...] não no *que* é decidido, mas em *como* é decidido".[5]

O *como* ao qual Hammond, Keeney e Raiffa[6] se referem pode ser descrito como o conjunto de atividades realizadas pelo decisor desde o momento em que ele reconhece uma situação como problemática até o ponto em que encontra as possíveis ações para melhorá-la.

Albert Einstein, ao ser indagado a respeito de como utilizaria seu tempo se dispusesse apenas de uma hora para salvar o mundo, respondeu: "[...] eu gastaria cinquenta e cinco minutos definindo o problema e então usaria os cinco minutos restantes para resolvê-lo".[7]

Assim, tão significativo quanto à decisão, é o processo que a antecede e que gera as ações que podem promover a melhoria da situação problemática. E é esse processo, usualmente chamado processo decisório, que pode ser evolutivamente aperfeiçoado e proporcionar o aprendizado organizado e estruturado em cada decisão, permitindo ao decisor aprimorar suas escolhas com o uso adequado de recursos como tempo, energia e dinheiro.

A perspectiva desse ciclo evolutivo de aprendizado reforça a relevância do processo decisório e faz perceber que uma situação decisional envolve bem mais do que a tomada de decisão propriamente dita.[8] Exige uma maneira dinâmica

---

4 HAMMOND; KEENEY; RAIFFA, 2004.
5 HAMMOND; KEENEY; RAIFFA, 2004, p. 17.
6 HAMMOND; KEENEY; RAIFFA, 2004.
7 BASADUR, M.; ELLSPERMANN, S. J.; EVANS, G. W. A new methodology for formulating ill-structured problems. *Omega International Journal Management Science*, v. 22, n. 6, p. 627, 1994.
8 ENSSLIN, L.; MORAIS, M.; PETRI, S. Construção de um modelo multicritério em um apoio ao processo decisório na compra de um computador In: *XVIII Encontro Nacional de Engenharia de Produção*, 1998, Rio de Janeiro - RJ. Anais do XVIII Encontro Nacional de Engenharia de Produção, 1998. CD-ROM.

Processo decisório
Processo que antecede a decisão e que gera as ações que podem promover a melhoria da situação problemática.

Pesquisa operacional
Ramo da ciência que se dedica exclusivamente ao desenvolvimento de modelos para auxiliar as pessoas e organizações em seus processos decisórios.

e abrangente de lidar com o cenário, as ações, as pessoas envolvidas e com as mudanças no decorrer do *processo decisório*.

O ramo da ciência que se dedica exclusivamente ao desenvolvimento de modelos para auxiliar as pessoas e organizações em seus processos decisórios é chamado de *pesquisa operacional*.

A *pesquisa operacional* é uma ciência multidisciplinar, envolvendo conhecimentos das áreas de ciências exatas e ciências sociais aplicadas. No Brasil, é lecionada em cursos de graduação e pós-graduação em Engenharia de Produção, Ciências da Computação, Administração, Ciências Contábeis e Economia.

1.2 ORIGENS DA PESQUISA OPERACIONAL

A cronologia da pesquisa operacional pode ser descrita tendo como ponto de partida a Segunda Guerra Mundial. Suas origens estão estreitamente relacionadas à invenção do radar, em 1934, pela equipe de pesquisa comandada pelo cientista inglês Robert Watson-Watt. Em seus estudos sobre ondas de rádio, Watson-Watt identificou que elas eram refletidas quando havia algum objeto obstruindo sua trajetória. A partir disso, foram desenvolvidos métodos para a detecção da invasão de aeronaves hostis ao espaço aéreo britânico, sob a supervisão do professor Patrick Blackett.[9]

A expressão *pesquisa operacional*, conforme relatam Sawyer et al.,[10] foi cunhada em meados de 1938, por A. P. Rowe, para designar o grupo de estudos de Watson-Watt,

---

9 BLACKETT, P. *Studies of war*: nuclear and conventional. Londres: Oliver & Boyd, 1962.

10 SAWYER, F.; CHARLESBY, A.; EASTERFIELD, T.; TREADWELL, E. Reminiscences of operational research in World War II by some of its practitioners. *Journal of the Operational Research Society*, v. 40, n. 2, p. 115-136, 1989.

Capítulo 1 ▶ Introdução ao estudo da Pesquisa Operacional (PO)

que, no âmbito do Comitê de Estudos de Defesa Aérea Britânico, passou a ser denominada Seção de Pesquisa Operacional.[11]

Com o êxito obtido no desenvolvimento dos sistemas de radares, o comando aliado resolveu convidar outros cientistas renomados no meio acadêmico para consorciar-se a ele na formação de equipes interdisciplinares que pudessem auxiliá-lo na resolução dos problemas de planejamento, logística e transporte, recorrentes no teatro de operações.[12]

Uma síntese do trabalho dos grupos de pesquisa operacional durante a Segunda Guerra Mundial é descrita por Molinero:[13] Os grupos originais da pesquisa operacional usavam o pensamento imaginativo para resolver problemas complexos que envolviam homens, máquinas, materiais e dinheiro. Exemplos de problemas tratados por eles incluem: como fazer uso eficiente da então nova tecnologia de radar; como reduzir o número de navios afundados por submarinos germânicos; como maximizar o uso da frota de aeronaves; e, como melhorar a acurácia dos bombardeios. Eles trabalhavam junto aos decisores e com seu apoio total. Sua abordagem era coletar dados, analisá-los, construir um modelo e fazer recomendações.

A apreciação detalhada de como se deram a participação e o trabalho das equipes de cientistas da pesquisa operacional na Segunda Guerra, narrada por pesquisadores que fizeram parte desses grupos pode ser encontrada em Falconer,[14] Lovell[15] e, particularmente, em Sawyer et al.[16]

Segundo Molinero,[17] com o término das hostilidades no ano de 1945, a PO teve seus horizontes ampliados. Muitos dos grupos de investigadores de PO transferiram-se para indústrias que procuravam reerguer-se na economia do pós-guerra. Nesse período (1945-1950), a pesquisa operacional também foi introduzida em órgãos governamentais e passou a figurar como disciplina no meio acadêmico.

A partir da década de 1950, a propagação do uso da pesquisa operacional nas indústrias foi beneficiada pelos avanços na teoria da otimização e pela descoberta de um algoritmo (SIMPLEX) para resolver problemas de programação linear. Além disso, os cientistas da PO procuravam identificar problemas-padrão e, com base neles, desenvolver ferramentas específicas para solucioná-los, como os grafos e as

---

11 LONGARAY, 2004.
12 SAWYER et al., 1989.
13 MOLINERO, C. Operational research: from war to community. *Socio-Economics Planning Sciences*, v. 26, n. 3, p. 204, 1992.
14 FALCONER, N. On the size of convoys: an example of the methodology of leading war time OR scientists. *Operational Research Quartely*, v. 27, p. 315-327, 1976.
15 LOVELL, B. Blackett in war and peace. *Journal of the Operational Research Society*, v. 39, p. 221-233, 1988.
16 SAWYER et al., 1989.
17 MOLINERO, 1992.

árvores nas questões de planejamento e projetos, a teoria das filas nos problemas de congestionamento e a técnica de Monte Carlo para a simulação de processos estocásticos.[18]

Nessas circunstâncias, a pesquisa operacional despontou como a mais expressiva representante das abordagens voltadas ao processo decisório. Com um arcabouço de ferramentas matemáticas e estatísticas, como a programação linear, a otimização combinatória e a simulação, procurou estabelecer modelos para os mais variados tipos de decisão.

1.3 OS MODELOS NA PESQUISA OPERACIONAL

Modelo
Representação matemática, simbólica ou descritiva, de um conjunto de eventos físicos, ou aspectos subjetivos, considerados importantes para determinado decisor em um contexto específico.

Variáveis controláveis
São aquelas sobre as quais o decisor pode atuar para atingir seus objetivos.

A pesquisa operacional usa modelos como aporte científico para a estruturação das decisões. Isso pressupõe que um praticante da pesquisa operacional deve ter domínio das características básicas da modelagem de problemas.

Um **modelo** pode ser entendido como a representação matemática, simbólica ou descritiva, de um conjunto de eventos físicos, ou aspectos subjetivos, considerados importantes para determinado decisor em um contexto específico. Os modelos concebidos matematicamente são os utilizados com mais frequência pelos praticantes das técnicas da pesquisa operacional. Em sua forma mais simplificada, um modelo matemático é composto de variáveis, restrições, critérios e pelo menos um objetivo.

As variáveis de um problema podem ser classificadas em controláveis e não controláveis. As **variáveis controláveis** são aquelas sobre as quais o decisor pode

---

18 ACKOFF, R. The future of operational research is past. *Journal of the Operational Research Society*, v. 30, p. 93-104, 1979; ACKOFF, R. Resurrecting the future of OR. *Journal of the Operational Research Society*, v. 30, p. 189-200, 1979b; WOOLLEY, R. N.; PIDD, M. Problem structuring – a literature review. *Journal of the Operational Research Society*, v. 32, p. 197-206, 1981.

atuar para atingir seus objetivos; as **variáveis não controláveis** são aquelas sobre as quais não é possível ter controle, mas que, ainda assim, afetam as consequências ou resultados de uma decisão.[19]

O *objetivo* do modelo é uma função matemática que indica o que se quer alcançar com determinada decisão. As *restrições* expressam as relações matemáticas existentes entre as variáveis do problema e as limitações identificadas no cenário do processo decisório. Um *critério* é uma função matemática que mede o desempenho de uma possível ação ou preferência.

A estrutura lógica que expressa as relações matemáticas entre as variáveis e constantes do problema, composta pelo objetivo, pelas restrições e pelo critério do modelo, é chamada *algoritmo*.

Exemplo 1.1

Você trabalha na sede de determinada empresa, localizada em São Paulo (SP), e terá compromissos de negócios no Rio de Janeiro (RJ) nas próximas cinco semanas, todas as segundas, terças e quartas-feiras. Uma viagem aérea regular (ida e volta) custa R$ 400, mas há um desconto de 20% se a passagem adquirida compreender pelo menos um final de semana. Uma passagem só de ida custa 75% do preço da passagem regular. Como existe a ponte aérea, com voos logo no início da manhã, e a fim de economizar uma diária de hotel, você deve ir para o Rio de Janeiro sempre às segundas-feiras. Devido aos compromissos que você tem em São Paulo, o retorno deve ser obrigatoriamente às quartas-feiras, em todas as cinco semanas.[20]

Variáveis não controláveis
São aquelas sobre as quais não é possível ter controle, mas que, ainda assim, afetam as consequências ou resultados de uma decisão.

Objetivo
Função matemática que indica o que se quer alcançar com determinada decisão.

Restrições
Expressam as relações matemáticas existentes entre as variáveis do problema e as limitações identificadas no cenário do processo decisório.

Critério
Função matemática que mede o desempenho de uma possível ação ou preferência.

Algoritmo
Estrutura lógica que expressa as relações matemáticas entre as variáveis e constantes do problema, composta pelo objetivo, pelas restrições e pelo critério do modelo.

---

19 EHRLICH, P. Modelos quantitativos de apoio às decisões – I. *Revista de Administração de Empresas*, São Paulo, v. 36, n. 1, p. 33-41, jan./fev./mar. 1996.

20 Adaptado de TAHA, H. *Operations research*: an introduction. New Jersey: Prentice Hall, 1997.

a) Quais são as variáveis controláveis deste problema?

A quantidade de passagens regulares, a quantidade de passagens de ida e a quantidade de passagens promocionais a serem adquiridas.

b) Quais são as variáveis não controláveis deste problema?

Não há variáveis não controláveis neste problema.

c) Qual é o objetivo do modelo?

Adquirir passagens aéreas que permitam cumprir a agenda de compromissos no Rio de Janeiro, ao menor custo possível para a empresa.

d) Quais são as restrições existentes?

Ir para o Rio de Janeiro, obrigatoriamente, na segunda-feira, e, voltar para São Paulo, impreterivelmente, na quarta-feira.

e) Qual critério deve ser utilizado?

O que será levado em consideração será o preço da passagem aérea.

A literatura sobre a pesquisa operacional apresenta uma diversidade de modelos – sua maioria matemáticos – que variam de acordo com as características e as peculiaridades dos cenários de decisão. O sucesso na condução do processo decisório está diretamente relacionado à escolha correta do modelo que deve ser empregado.

Basicamente, os modelos da pesquisa operacional são classificados em dois grandes grupos: os *modelos de otimização* e os *modelos de simulação*.

1.3.1 Modelos de otimização

Modelo de otimização
Na pesquisa operacional, é a representação matemática de uma dada situação problemática, com o objetivo de determinar o melhor resultado possível para a decisão.

Um ***modelo de otimização***, na pesquisa operacional, é a representação matemática de uma dada situação problemática, com o objetivo de determinar o melhor resultado possível para a decisão. A estrutura básica de

Capítulo 1 ▶ Introdução ao estudo da Pesquisa Operacional (PO)

um modelo de otimização é composta por sua função-objetivo e por um conjunto de restrições.[21]

A *função-objetivo* é a parte do modelo que explicita o que se pretende atingir com a decisão. Usualmente, é expressa em termos de *maximização* (o quanto se quer aumentar algo, por exemplo, receita ou lucro) ou de *minimização* (o quanto se quer diminuir alguma coisa, por exemplo, despesas ou custos).

A *restrição* de um modelo de otimização é formada pela relação matemática do que se quer quantificar (variáveis do problema) com o que as limita (recursos produtivos e financeiros, mão de obra etc.).

Entre os exemplos tradicionais de técnicas da pesquisa operacional que empregam modelos de otimização estão todas aquelas fundamentadas em métodos determinísticos, como a programação linear, a programação não linear, a programação inteira e a programação dinâmica.[22]

1.3.2 Modelos de simulação

Um *modelo de simulação*, na pesquisa operacional, é a representação matemática de um sistema físico ou abstrato, com a finalidade de verificar o comportamento desse sistema quando os valores ou o ordenamento das variáveis que o compõem são alterados. Ao contrário dos modelos de otimização, um modelo de simulação não fornece a melhor alternativa, mas sim um conjunto de alternativas, todas viáveis para a resolução do problema.

Utilizando ferramentas estatísticas, como a distribuição de Poisson, as tabelas de números aleatórios, as séries temporais etc., o usuário deve realizar tantas simulações quantas forem necessárias até possuir uma

---

Função-objetivo
Parte do modelo que explicita o que se pretende atingir com a decisão.

Maximização
O quanto se quer aumentar algo, por exemplo, receita ou lucro.

Minimização
O quanto se quer diminuir alguma coisa, por exemplo, despesas ou custos.

Restrição
A restrição de um modelo de otimização é formada pela relação matemática do que se quer quantificar (variáveis do problema) com o que as limita (recursos produtivos e financeiros, mão de obra etc.).

Modelo de simulação
Representação matemática de um sistema físico ou abstrato, com a finalidade de verificar o comportamento desse sistema quando os valores ou o ordenamento das variáveis que o compõem são alterados.

---

21 BRONSON, R. *Pesquisa operacional*. São Paulo: McGraw-Hill do Brasil, 1985.
22 EHRLICH, 1996.

quantidade suficiente de alternativas que representem um desempenho considerado aceitável para o sistema em estudo. Caberá ao decisor escolher qual é a alternativa mais desejável no cenário em análise.

Os exemplos clássicos de técnicas da pesquisa operacional que fazem uso de modelos de simulação são aqueles baseados em *métodos probabilísticos*, como a teoria das filas e a técnica de simulação de Monte Carlo.[23]

Exemplo 1.2

Considere o problema apresentado no Exemplo 1.1 deste capítulo. Tomando por base as variáveis, o objetivo, o critério e as restrições que foram determinados anteriormente, estabeleça uma relação matemática para a resolução do modelo.[24]

Solução:

Uma leitura mais acurada do problema permite abstrair as seguintes possibilidades de alternativas de compra das passagens aéreas:

1. Comprar cinco passagens regulares SP-RJ-SP.
2. Comprar uma passagem SP-RJ, quatro passagens RJ-SP-RJ e uma passagem RJ-SP.
3. Comprar uma passagem SP-RJ-SP, com ida na segunda-feira da primeira semana e retorno na quarta-feira da última semana, e quatro passagens RJ-SP-RJ.

Relacionando as alternativas 1, 2 e 3 com os valores dos custos unitários de aquisição da passagem aérea regular, passagem somente de ida e passagem promocional, pode-se estabelecer o custo total de cada uma dessas alternativas:

Custo total da alternativa 1: $5 \times 400 = 2.000$

Custo total da alternativa 2: $0{,}75 \times 400 + 4 \times (0{,}80 \times 400) + 0{,}75 \times 400 = 1.880$

Custo total da alternativa 3: $5 \times (0{,}80 \times 400) = 1.600$

A melhor alternativa é a de número 3.

---

23 BRONSON, 1985.
24 Adaptado de TAHA, 1997.

1.4 ETAPAS PARA A RESOLUÇÃO DE PROBLEMAS USANDO A PESQUISA OPERACIONAL

Como ciência multidisciplinar, a pesquisa operacional possui uma diversidade de possibilidades metodológicas à disposição dos interessados em empregá-la para fundamentar cientificamente suas decisões.

Entretanto, nos últimos cinquenta anos, um número significativo de estudos sobre a pesquisa operacional identificou a existência de um roteiro mínimo, passível de ser aplicado na maioria dos processos de tomada de decisão.[25] A sequência lógica das fases sugeridas na utilização de uma técnica da pesquisa operacional é:

a) determinação do problema;

b) elaboração do modelo;

c) resolução do modelo;

d) legitimação do modelo;

e) implementação da solução.

A **determinação do problema** consiste na delimitação dos aspectos percebidos como problemáticos para as pessoas que estão envolvidas no cenário decisório, sobre os quais algum tipo de ação deve ser tomada. Em uma empresa de logística, por exemplo, o atraso recorrente no prazo de entrega das encomendas é um problema que afeta diretamente a atividade-fim desse tipo de organização.

Na fase de **elaboração do modelo**, ocorre a definição da técnica a ser utilizada para resolver o problema e a delimitação do algoritmo matemático. Antes, porém, deve-se determinar se o objetivo do modelo reside na otimização ou na simulação de alguns aspectos, de partes ou de todo o cenário em estudo. No caso hipotético da empresa de logística, o gerente pretende simular o

---

Determinação do problema
Delimitação dos aspectos percebidos como problemáticos para as pessoas que estão envolvidas no cenário decisório, sobre os quais algum tipo de ação deve ser tomada.

Elaboração do modelo
Nesta fase, ocorre a definição da técnica a ser utilizada para resolver o problema e a delimitação do algoritmo matemático.

---

25 ACKOFF, 1979.

Resolução do modelo
Nesta etapa é procedido o cálculo do algoritmo, com a determinação dos valores da solução ótima, nos modelos de otimização, ou das alternativas viáveis, nos modelos de simulação.

Análise de sensibilidade
Consiste na alteração dos valores finais de algumas das variáveis para a verificação do comportamento do restante do modelo.

Legitimação do modelo
Reconhecimento por parte do decisor (quem encomendou o estudo de pesquisa operacional) de que o modelo construído atende às necessidades para as quais foi solicitado.

Implementação da solução
Etapa em que o algoritmo do modelo é posto em prática.

comportamento das rotas de entregas. Como consequência, foi escolhida a técnica de simulação de Monte Carlo.

Na etapa de **resolução do modelo** é procedido o cálculo do algoritmo, com a determinação dos valores da solução ótima, nos modelos de otimização, ou das alternativas viáveis, nos modelos de simulação.

De posse dos resultados, pode-se realizar a análise de sensibilidade do modelo. A **análise de sensibilidade** consiste na alteração dos valores finais de algumas das variáveis para a verificação do comportamento do restante do modelo. Retornando ao exemplo da empresa de logística, foram fixadas rotas alternativas que evitam o atraso na entrega das mercadorias: rotas A, B, C, D e E. Essa é a solução do modelo. Suponha, agora, que o gerente desejasse saber o quanto o acréscimo de um novo ponto de recebimento de encomendas modificaria o desempenho da rota B. Esse é um caso típico de análise de sensibilidade.

A **legitimação do modelo** é o reconhecimento por parte do decisor (quem encomendou o estudo de pesquisa operacional) de que o modelo construído atende às necessidades para as quais foi solicitado. Caso o objetivo não seja alcançado, deve-se proceder à revisão do modelo. Para o exemplo da empresa de logística, significa o gerente aceitar ou rejeitar os resultados alcançados pelo modelo.

Por fim, a **implementação da solução** é a etapa em que o algoritmo do modelo é posto em prática. Tomando por base o modelo construído, a implementação da solução na empresa de logística pode ser feita com o desenvolvimento de um pequeno *software* gerenciador das rotas A, B, C, D e E.

A Figura 1.1 apresenta o fluxograma das etapas a serem observadas na utilização da pesquisa operacional para a resolução de problemas.

Figura 1.1 Fluxograma das etapas para a resolução de problemas na pesquisa operacional

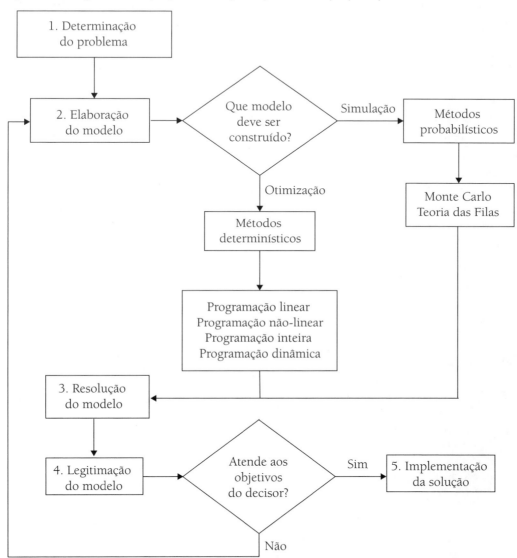

1.5 INTRODUÇÃO À MODELAGEM COM PLANILHAS ELETRÔNICAS

Os avanços na área da informática foram de fundamental importância para a disseminação do uso da pesquisa operacional no meio empresarial. Se no início da década de 1950 eram necessários *softwares* especialistas para a resolução dos modelos, os anos 1980 marcaram o desenvolvimento das planilhas eletrônicas, o que ajudou a difundir amplamente as técnicas da PO.

Neste livro, um capítulo será inteiramente dedicado à demonstração do emprego de planilhas eletrônicas na resolução de problemas. A título de ilustração, este capítulo discorre sobre a aplicação do recurso *gerenciador de cenários* do *software* Microsoft Excel® versão 2010.

O gerenciador de cenários é um recurso do Excel que permite realizar a comparação de resultados diferentes para um mesmo tipo de dado. É bastante útil na elaboração de modelos, pois admite que sejam executados cruzamentos de valores sem a necessidade de gravar diversas versões de dados em diferentes planilhas, impedindo, assim, a existência de informações redundantes, desconexas ou a perda de dados.[26]

Para facilitar o entendimento, a apresentação do gerenciador de cenários do Excel será feita por meio do Exemplo 1.3. Nele serão demonstradas, passo a passo, a inserção e a resolução na planilha eletrônica do modelo elaborado no Exemplo 1.1 deste capítulo.

Inicialmente, faz-se necessário revisitar o Exemplo 1.1 para coletar os dados a serem inseridos no Excel. A Figura 1.2 representa a entrada desses dados na planilha.

Figura 1.2 Entrada dos dados do modelo na planilha do Excel

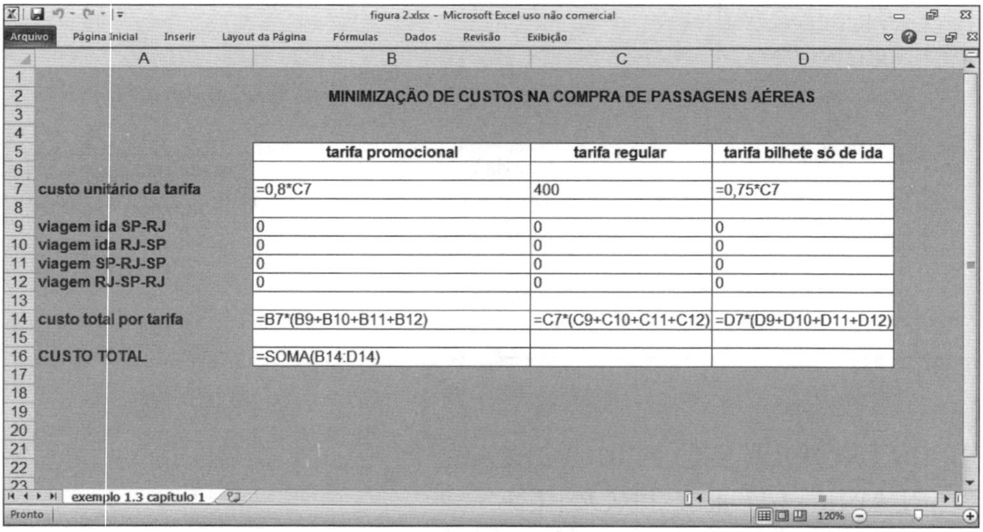

---

26 MANZANO, J. *Estudo Dirigido de Microsoft Excel 2010*. São Paulo: Érica, 2013.

Capítulo 1 ▶ Introdução ao estudo da Pesquisa Operacional (PO)

Recuperando o contexto decisório descrito no Exemplo 1.1, a Figura 1.2 apresenta o esquema para a compra das passagens das viagens aéreas do empresário. Para facilitar a compreensão, as células da planilha da Figura 1.2 exibem as fórmulas utilizadas no modelo.

A célula C7 contém o valor unitário da tarifa regular; a célula B7, o valor unitário da tarifa promocional; e a célula D7, o valor unitário da passagem só de ida.

Nas células B9, C9 e D9 devem ser inseridas as quantidades de passagens das tarifas promocional, regular e só de ida em viagens SP-RJ. Nas células B10, C10 e D10 devem ser inseridas as quantidades de passagens das tarifas promocional, regular e só de ida em viagens RJ-SP. Nas células B11, C11 e D11 devem ser inseridas as quantidades de passagens das tarifas promocional, regular e só de ida em viagens SP-RJ-SP. Nas células B12, C12 e D12 devem ser inseridas as quantidades de passagens das tarifas promocional, regular e só de ida em viagens RJ-SP-RJ.

O valor total das passagens adquiridas de cada uma das opções de tarifas está contido, respectivamente, nas células B14, C14 e D14.

O objetivo do modelo é a determinação de um plano de viagem que minimize os custos totais com a compra de passagens aéreas. Essa informação está na célula B16 da planilha da Figura 1.2.

Com o modelo inserido na planilha, pode-se examinar qual é a melhor estimativa de compra das passagens que atenda à meta e respeite as restrições do problema. As combinações aceitáveis estão nas células B9:D9, B10:D10, B11:D11 e B12:D12. Elas formam uma matriz 4 x 3.

Nesse sentido, o cálculo dos valores de possíveis alternativas sem o apoio de algum tipo de recurso de microinformática, além de ser uma tarefa árdua, dificulta a recuperação dos dados e sua comparação. O gerenciador de cenários realiza os cálculos necessários e permite que as alternativas sejam gravadas em uma mesma planilha, facilitando a análise do problema.

Para o modelo em questão, as três alternativas propostas no Exemplo 1.2 foram alimentadas na planilha. Tem-se, a seguir, a sequência de passos para a inserção dessas alternativas no gerenciador de cenários do Excel.

Inicialmente, na mesma planilha em que foi implementado o modelo, deve-se escolher o menu Dados na barra de ferramentas e, após o submenu, Teste de hipóteses. Das três opções apresentadas (Gerenciador de cenários, Atingir meta, Tabela de dados), deve-se escolher a primeira da lista. O Excel abrirá a caixa de diálogo Gerenciador de cenários, como mostra a Figura 1.3.

Figura 1.3 Caixa de diálogo Gerenciador de cenários

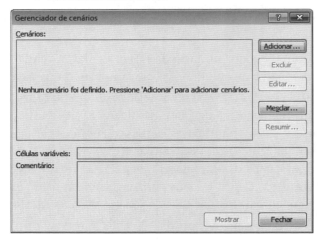

Nessa caixa, clicar em Adicionar. Em seguida, os campos Nome do cenário e Células variáveis devem ser preenchidos. Para o Exemplo 1.3, foi dado o nome de *alternativa 1* ao primeiro cenário. As células variáveis são as mesmas para quaisquer cenários de um mesmo modelo; nesse exemplo, compreendem o intervalo B9:D9; B10:D10; B11:D11; B12:D12, ou simplesmente B9:D12.

Após o preenchimento desses campos, deve-se clicar no botão OK. O Excel vai apresentar a caixa de diálogo Valores de cenário, como pode ser visualizado na Figura 1.4.

Figura 1.4 Caixa de diálogo Valores de cenário

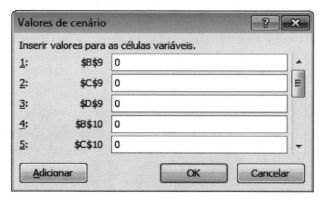

Capítulo 1 ▶ Introdução ao estudo da Pesquisa Operacional (PO)

Na Figura 1.4, é possível observar que a caixa de diálogo Valores de cenário apresenta campos com os endereços das células variáveis. O endereço C9, por exemplo, remete à célula que indica a quantidade de passagens com tarifa regular a serem adquiridas.

Para o Exemplo 1.3, a alternativa 1 consiste na compra de 5 passagens regulares SP-RJ-SP. Na caixa de diálogo Valores de cenário, deve-se usar a barra de rolagem para localizar o campo C11, preenchê-lo com o número 5 e, então, clicar no botão OK. Surgirá novamente a caixa de diálogo Gerenciador de cenários, com a alternativa 1 gravada no campo Cenários.

Seleciona-se a opção Mostrar. Com essa ação, as células B14, C14 e D14 da planilha do Exemplo 1.3 apresentarão os valores a serem gastos com cada tipo de tarifa, e a célula B16 apresentará o somatório total desses custos. Para a alternativa 1, o resultado encontrado é especificado na Figura 1.5.

Figura 1.5 Cenário da alternativa 1

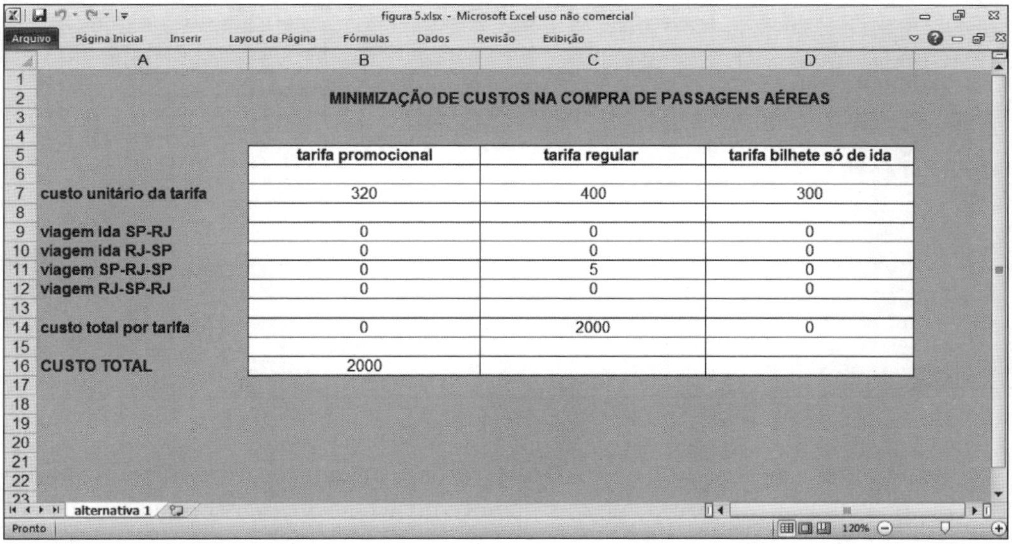

É conveniente ressaltar que, quando o botão Mostrar é clicado, a caixa de diálogo Gerenciador de cenários não fecha. Assim, aproveitando a caixa de diálogo aberta, pode-se acionar o botão Adicionar e atribuir o segundo cenário do modelo.

Para tanto, na caixa de diálogo Adicionar, o campo Cenário deve ser preenchido com o nome alternativa 2. As *células variáveis* são B9:D12. Ao clicar no botão OK, surgirá a janela Valores de cenário.

17

Na caixa Valores de cenário devem ser introduzidos os valores da Alternativa 2 nas células de destino: a compra de 1 passagem SP-RJ (célula D9), de 4 passagens RJ-SP-RJ (célula B12) e de 1 passagem RJ-SP (célula D10). Feito isso, deve-se clicar no botão OK. A caixa de diálogo Gerenciador de cenários aparecerá novamente, agora com o cenário alternativa 2 gravado.

Seleciona-se a opção Mostrar. Com essa ação, as células B14, C14 e D14 da planilha do Exemplo 1.3 apresentarão os valores a serem gastos com cada tipo de tarifa, e a célula B16 apresentará o somatório total desses custos. Para a alternativa 2 o resultado encontrado é especificado na Figura 1.6.

Figura 1.6 Cenário da alternativa 2

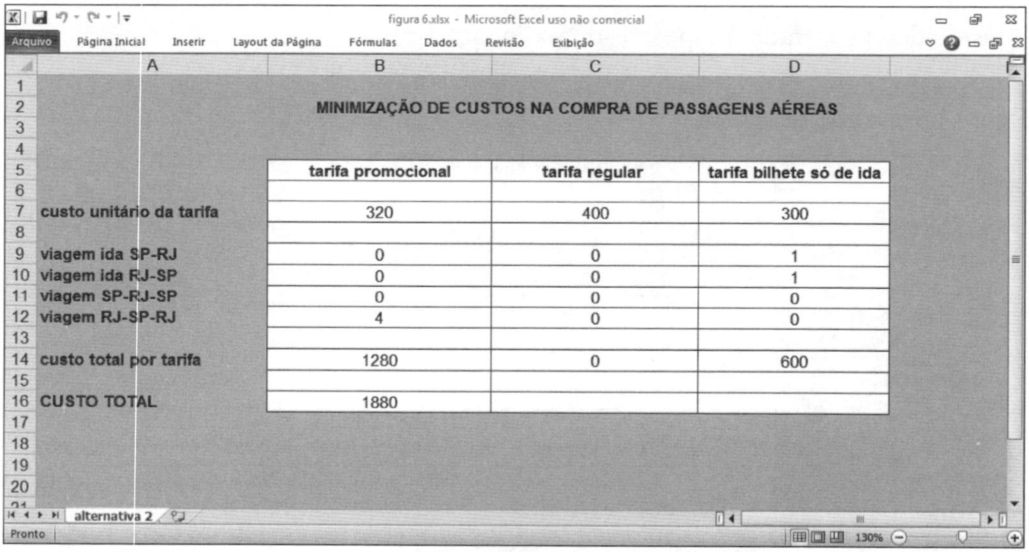

Executando o mesmo rol de procedimentos realizados para a introdução dos cenários das alternativas 1 e 2, pode-se lançar no Excel o cenário da alternativa 3, que consiste na compra de 1 passagem SP-RJ-SP, com ida na segunda-feira da primeira semana e retorno na quarta-feira da última semana, e 4 passagens RJ-SP-RJ. Portanto, os Valores de cenário a serem digitados são 1 e 4, e os endereços de destino são, nessa ordem, B11 e B12. Acionando o botão OK e, na sequência, o botão Mostrar, têm-se a gravação e a demonstração dos valores para o cenário da alternativa 3.

Na planilha do Excel, as células B14, C14 e D14 apresentarão os valores dos custos em cada tipo de tarifa, e na célula B16 apresentará o somatório total dos custos de todos os tipos de tarifas.

Cumpridos os passos anteriormente descritos, o resultado obtido no cenário da alternativa 3 deve ser igual ao visualizado na Figura 1.7.

Figura 1.7 Cenário da alternativa 3

	tarifa promocional	tarifa regular	tarifa bilhete só de ida
custo unitário da tarifa	320	400	300
viagem ida SP-RJ	0	0	0
viagem ida RJ-SP	0	0	0
viagem SP-RJ-SP	1	0	0
viagem RJ-SP-RJ	4	0	0
custo total por tarifa	1600	0	0
CUSTO TOTAL	1600		

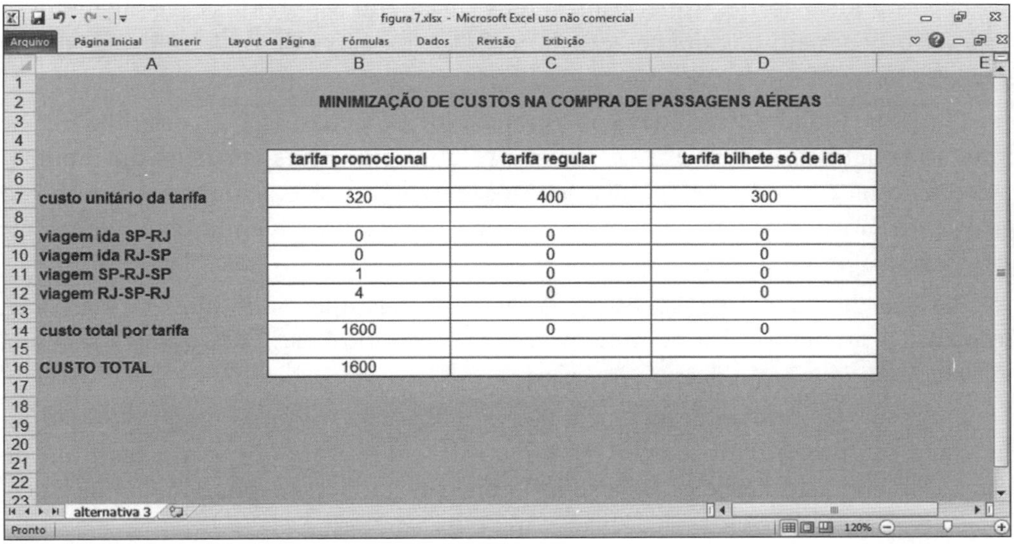

Tendo sido definidos os três cenários, é possível transitar, na mesma planilha, entre os dados e as informações de cada uma das alternativas do modelo. Para isso, basta selecionar, na caixa de diálogo Gerenciador de cenários, a alternativa desejada, como mostra a Figura 1.8.

Figura 1.8 Caixa de diálogo Gerenciador de cenários para o Exemplo 1.3

Caso seja necessário, o gerenciador de cenários permite a exclusão e a edição de cenários. Além disso, podem-se mesclar cenários de diferentes planilhas de uma mesma pasta do Excel.

No Exemplo 1.3, se o empresário desejasse desconsiderar uma das alternativas de programação dos itinerários aéreos ou alterar valores das passagens, isso seria feito por meio das opções Excluir ou Editar, na caixa de diálogo Gerenciador de cenários.

Outra facilidade oferecida pelo gerenciador de cenários é a possibilidade de criar um relatório com todos os valores estabelecidos nos cenários do modelo. Isso é feito na caixa de diálogo Gerenciador de cenários, com o acionamento do botão Resumir. Como demonstra a Figura 1.9, uma nova janela, denominada Resumo do cenário, será aberta.

A caixa de diálogo Resumo do cenário oferece duas opções de tipos de relatório. Enquanto a primeira delas permite visualizar o próprio Resumo do cenário, a segunda cria um Relatório de tabela dinâmica do cenário.

O terceiro componente da janela Resumo do cenário é o campo Células de resultado. Ele deve ser preenchido com o endereço da célula que contém a fórmula da função-objetivo do modelo. No exemplo em questão, corresponde à célula B16.

Figura 1.9 Caixa de diálogo Resumo do cenário

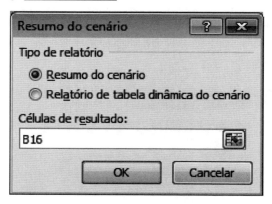

Suponha que seja relevante criar o Resumo do cenário para alternativas alimentadas na planilha. O passo inicial é abrir a caixa de diálogo Gerenciador de cenários e selecionar a opção Resumir. Surgirá a janela Resumo do cenário, com o campo Células de resultado já preenchido. O procedimento seguinte é o acionamento do botão OK.

O Excel abrirá uma nova planilha, dentro da mesma pasta, com o nome Resumo do cenário. Essa planilha conterá o resumo do cenário das três alternativas do modelo de minimização de custos na compra de passagens aéreas, com valores e quantidades de cada um dos cenários, nos moldes em que são apresentados na Figura 1.10.

Figura 1.10 Resumo dos cenários do Exemplo 1.3

	Valores atuais:	alternativa 1	alternativa 2	alternativa 3
Células variáveis:				
$B$9	0	0	0	0
$C$9	0	0	0	0
$D$9	0	0	1	0
$B$10	0	0	0	0
$C$10	0	0	0	0
$D$10	0	0	1	0
$B$11	0	0	0	1
$C$11	0	5	0	0
$D$11	0	0	0	0
$B$12	0	0	4	4
$C$12	0	0	0	0
$D$12	0	0	0	0
Células de resultado:				
$B$16	0	2000	1880	1600

Observações: A coluna Valores atuais representa os valores das células variáveis no momento em que o Relatório de Resumo do Cenário foi criado. As células variáveis para cada cenário estão destacadas em cinza.

▶ DESTAQUES DO CAPÍTULO

Este capítulo introdutório teve como finalidade fornecer um panorama abrangente a respeito da pesquisa operacional (PO). Todos os esforços foram direcionados para proporcionar o entendimento de como a pesquisa operacional surgiu, quais seus objetivos como ciência multidisciplinar, o que são *modelos* e como eles podem ser classificados, e quais são as etapas componentes de um processo de resolução de problemas.

Foi importante inserir o leitor no contexto das decisões, demonstrando que decidir é uma atividade rotineira em nossas vidas. Não menos relevante foi descrever os precedentes históricos que instituíram a pesquisa operacional como um campo da ciência.

Os modelos da pesquisa operacional também foram abordados. Além de o conteúdo deste capítulo constituir a definição de *modelo*, demonstrou que há basicamente dois tipos de modelo que abrangem a pesquisa operacional: os *modelos de otimização* e os *modelos de simulação*.

Na sequência, tratou das etapas que integram o processo de resolução de problemas na pesquisa operacional. Discorreu sobre as fases de (a) determinação do problema, (b) elaboração, (c) resolução, (d) legitimação e (e) implementação de um modelo da pesquisa operacional.

A última parte deste capítulo versou sobre a introdução à modelagem com as planilhas eletrônicas. Foi demonstrado como o recurso gerenciador de cenários do *software* Microsoft Excel pode ser empregado na modelagem e na resolução de um problema.

▶ ATIVIDADES NA INTERNET

1. Visite o site da Sociedade Brasileira de Pesquisa Operacional (SOBRAPO: <http://www.sobrapo.org.br>) e realize as atividades a seguir:
   a) Encontre algumas aplicações da pesquisa operacional nos diferentes segmentos da sociedade brasileira (indústria, governo, ONG). Para cada uma delas, indique se são fundamentadas em modelos de otimização ou em modelos de simulação.
   b) Identifique em quais outros cursos de graduação, além do que você está cursando, a pesquisa operacional é lecionada. O que significa, no seu entender, essa multidisciplinaridade da pesquisa operacional?

2. Faça também uma visita ao site da Associação Brasileira de Engenharia de Produção (ABEPRO: <http://www.abepro.org.br>), e procure estabelecer qual é o papel da pesquisa operacional na Engenharia de Produção. Descreva em que situações ela é usualmente empregada.

▶ EXERCÍCIOS DE REVISÃO

1. No que concerne à ação de tomar decisões, é correto afirmar que:
   a) A capacidade de decidir bem é uma característica inata do ser humano que não pode ser aperfeiçoada.
   b) A experiência bem-sucedida em determinada decisão X, tomada de forma empírica, é garantia de êxito em uma futura decisão X.
   c) Processo decisório é o nome dado ao conjunto de procedimentos que precedem a tomada de decisão propriamente dita.
   d) As alternativas *a* e *b* estão corretas.
   e) Nenhuma das alternativas está correta.

2. A respeito da *pesquisa operacional*, pode-se dizer que:
   a) Surgiu durante a Primeira Grande Guerra com o objetivo de melhorar a logística de abastecimento de suprimentos das tropas aliadas.
   b) É denominada ciência multidisciplinar por empregar conhecimentos de diferentes ramos da ciência, como a matemática e a física.
   c) Começou a ser utilizada nas organizações depois da Segunda Grande Guerra, como forma de aproveitamento dos modelos de logística e transporte desenvolvidos no período hostil.
   d) As alternativas *a* e *b* estão corretas.
   e) As alternativas *b* e *c* estão corretas.

3. Quanto ao conceito de *modelo*, pode-se assegurar que:
   a) Um modelo é a representação fiel, e em mesma escala e proporção de grandeza, da realidade.
   b) Um modelo faz parte e intervém diretamente na realidade.
   c) Uma das vantagens do emprego de um modelo é a possibilidade de testar novas alternativas para um cenário sem alterar a realidade.
   d) As alternativas *a* e *c* estão corretas.
   e) Nenhuma das alternativas está correta.

Capítulo 1 ▶ Introdução ao estudo da Pesquisa Operacional (PO)

4. Escreva V (verdadeiro) ou F (falso) para as alternativas a seguir.

( ) Em um modelo de otimização, o que se objetiva é imitar um dado sistema físico ou abstrato.

( ) A função-objetivo é a parte do modelo de otimização que quantifica o quanto se quer aumentar ou reduzir algo.

( ) A restrição estabelece o lucro ou prejuízo de um modelo de otimização.

( ) A restrição estabelece a relação entre o que se quer quantificar e as limitações dos recursos disponíveis.

( ) Um modelo de otimização é uma representação matemática de um problema.

5. Relacione os tipos de modelo da pesquisa operacional com as técnicas que os representam.

1. modelo de otimização

2. modelo de simulação

( ) Teoria das filas   ( ) Monte Carlo

( ) Programação linear   ( ) Redes

( ) Séries temporais   ( ) Programação dinâmica

6. Quanto às etapas para a resolução de problemas, é errado afirmar que:

a) Na etapa de definição do problema são identificados aspectos indesejáveis do contexto decisório, que podem ser melhorados ou modificados.

b) Na etapa de construção do modelo, o primeiro passo corresponde à determinação do uso da programação matemática ou de métodos probabilísticos.

c) Na etapa de solução do modelo, tem-se a resolução do algoritmo do problema.

d) Na etapa de legitimação do modelo são feitas várias simulações matemáticas do modelo. Se tudo estiver correto, o algoritmo pode ser implementado.

e) Na etapa de implementação, a solução alcançada pelo algoritmo do modelo é posta em prática.

7. O recurso gerenciador de cenários do Microsoft Excel:

a) Solicita a digitação dos dados do modelo a cada novo cenário inserido.

b) Solicita a digitação dos dados da alternativa a cada novo cenário inserido.

c) Possui uma caixa de diálogo denominada VALORES DE CENÁRIO, na qual devem ser inseridos os valores das células que contêm as variáveis de determinada alternativa.

d) As alternativas a e b estão corretas.

e) As alternativas b e c estão corretas.

8. Na caixa de diálogo GERENCIADOR DE CENÁRIOS:

a) A opção MOSTRAR exibe, em uma nova janela, os resultados do cenário.

b) A opção MOSTRAR exibe, na planilha, a solução de um dado cenário.

c) A opção EDITAR permite a modificação dos valores das variáveis de um cenário.

d) As alternativas a e b estão corretas.

e) As alternativas b e c estão corretas.

9. O encadeamento das etapas para a utilização do Gerenciador de cenários do Excel observa o seguinte ordenamento:
   a) Adicionar nome e células variáveis do cenário, introduzir os valores das variáveis do cenário, mostrar os valores do cenário.
   b) Adicionar nome, células variáveis e de resultado do cenário, introduzir os valores das variáveis do cenário, mostrar os valores do cenário.
   c) Adicionar nome, célula de resultado do cenário, introduzir os valores das variáveis do cenário, mostrar os valores do cenário.
   d) Adicionar nome, células variáveis e de resultado do cenário, mostrar os valores do cenário.
   e) Todas as alternativas estão erradas.

▶ ESTUDO DE CASO

A indústria Δ-PLUS fabrica os produtos X, Y e Z em sua unidade fabril. O esquema de produção mensal da empresa está representado no modelo da Figura 1.11, conforme demonstrado na planilha CASO 1.

Figura 1.11 Planilha de cenários da programação da produção da empresa Δ-PLUS

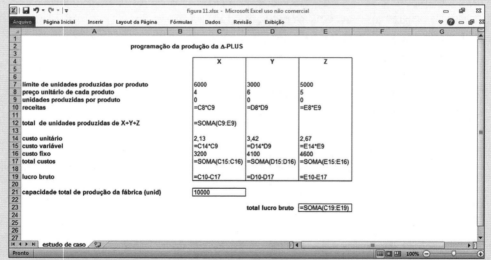

A meta do modelo de programação da produção da Δ-PLUS é a determinação do ponto de equilíbrio da empresa, ou seja, a quantidade mínima de fabricação de X, Y e Z para que as receitas das vendas se igualem às despesas de produção.

As células C7, D7 e E7 expõem a capacidade máxima de produção de cada um dos produtos X, Y e Z. A célula C21 traz a capacidade produtiva total da fábrica.

O preço unitário dos produtos X, Y e Z está nas células, C8, D8 e E8, nessa ordem.

As receitas provenientes da venda dos produtos estão contidas nas células C10, D10 e E10.

O número de unidades de X, Y e Z, a serem produzidas deve ser informado nas células C9, D9 e E9. O total produzido pela fábrica será indicado na célula C12.

Os custos unitários e variáveis de cada um dos produtos estão nas linhas 14 e 15 da planilha, e os custos fixos estão na linha 16. Os somatórios desses custos são apresentados nas células C17, D17 e E17.

As células C19, D19 e E19 expressam, respectivamente, a diferença entre as receitas e os custos de X, Y e Z, ou seja, o lucro bruto desses produtos. A célula E23 contém o resultado (total do lucro bruto) do modelo.

A gerência de manufatura da Δ-PLUS deseja conhecer a quantidade de produtos X, Y e Z que deve ser fabricada mensalmente para tornar a empresa ao menos viável.

Questões

1. Se não houver nenhuma produção de X, Y e Z, qual será o resultado (célula E23) da empresa?

2. Quantas unidades de X, Y e Z devem ser produzidas para a Δ-PLUS atingir o ponto de equilíbrio?

3. Qual é o melhor resultado possível de ser atingido pela programação da produção da Δ-PLUS? (Observar os limites máximos de unidades de X, Y e Z e a capacidade instalada da fábrica.)

4. Faça um relatório com o resumo dos cenários criados por você.

▶ REFERÊNCIAS

ACKOFF, R. The future of operational research is past. *Journal of the Operational Research Society*, v. 30, p. 93-104, 1979.

_____. Resurrecting the future of OR. *Journal of the Operational Research Society*, v. 30, p. 189-200, 1979b.

BASADUR, M.; ELLSPERMANN, S. J.; EVANS, G. W. A new methodology for formulating ill-structured problems. *Omega International Journal Management Science*, v. 22, n. 6, p. 627-645, 1994.

BLACKETT, P. *Studies of war*: nuclear and conventional. Londres: Oliver & Boyd, 1962.

BRONSON, R. *Pesquisa operacional*. São Paulo: McGraw-Hill do Brasil, 1985.

COHEN, D. Você sabe tomar decisão? *EXAME*, edição 746, ano 35, n. 16, São Paulo, p. 41-58, ago. 2001.

ENSSLIN, L.; MORAIS, M.; PETRI, S. Construção de um modelo multicritério em um apoio ao processo decisório na compra de um computador In: *XVIII Encontro Nacional de Engenharia de Produção*, 1998, Rio de Janeiro – RJ. Anais do XVIII Encontro Nacional de Engenharia de Produção, 1998. CD-ROM.

EHRLICH, P. Modelos quantitativos de apoio às decisões – I. *Revista de Administração de Empresas*, São Paulo, v. 36, n. 1, p. 33-41, jan./fev./mar., 1996.

FALCONER, N. On the size of convoys: an example of the methodology of leading war time OR scientists. *Operational Research Quartely*, v. 27, p. 315-327, 1976.

HAMMOND, J. S.; KEENEY, R.; RAIFFA, H. *Decisões inteligentes*. Rio de Janeiro: Elsevier, 2004.

LONGARAY, A. A. *Estruturação de situações problemáticas baseada na integração da Soft Systems Methodology e da MCDA Construtivista*. 2004. 396 f. Tese (Doutorado em Engenharia de Produção) – Programa de Pós-Graduação em Engenharia de Produção, Universidade Federal de Santa Catarina, Florianópolis, 2004.

LOVELL, B. Blackett in war and peace. *Journal of the Operational Research Society*, v. 39, p. 221-233, 1988.

MANZANO, J. *Estudo dirigido de Microsoft Excel 2010*. São Paulo: Érica, 2013.

MOLINERO, C. Operational research: from war to community. *Socio-Economics Planning Sciences*, v. 26, n. 3, p. 203-212, 1992.

SAWYER, F.; CHARLESBY, A.; EASTERFIELD, T.; TREADWELL, E. Reminiscences of operational research in World War II by some of its practitioners. *Journal of the Operational Research Society*, v. 40, n. 2, p. 115-136, 1989.

TAHA, H. *Operations research*: an introduction. New Jersey: Prentice Hall, 1997.

WOOLLEY, R. N.; PIDD, M. Problem structuring – a literature review. *Journal of the Operational Research Society*, v. 32, p. 197-206, 1981.

O processo de definição e modelagem de um problema

2

O Capítulo 1 apresentou a pesquisa operacional como a ciência da decisão e introduziu o leitor ao processo decisório. Como ficou evidenciado, a resolução de um problema ocorre em cinco etapas sequenciais e interdependentes: a determinação ou definição do problema; a elaboração do modelo; a solução do modelo; a legitimação do modelo; e a implementação da solução.

Dessas etapas, a de definição do problema e a de construção do modelo usualmente impõem maior grau de complexidade em sua execução, não só aos iniciantes na pesquisa operacional, mas também aos praticantes mais avançados e experientes. Duas considerações podem ser feitas a esse respeito.

Em primeiro lugar, deve-se levar em conta que a correta definição de um problema se constitui em aspecto vital para a determinação da solução mais adequada. É importante salientar a heterogeneidade dessa etapa. Nem sempre todos os fatores relevantes do contexto são claramente percebidos em uma observação intuitiva ou superficial da situação.

Alguns atributos, como o conjunto de pessoas envolvidas direta ou indiretamente no problema, as implicações desse problema em outros setores e organizações, quem ganha e quem perde na situação, bem como as relações de causa e efeito, merecem atenção especial.

A segunda consideração diz respeito à escolha do método que vai efetivamente resolver o problema, como a programação linear, por exemplo. Tal escolha depende da prévia construção de um modelo.

Um modelo tem por objetivo representar simbolicamente a relação e as conexões entre todos os aspectos interagentes e singulares do contexto que foram identificados anteriormente na etapa de definição do problema e, ao mesmo tempo,

Pesquisa operacional *soft*
Parte da pesquisa operacional que trata especificamente da estruturação de problemas (definição e modelagem).

Pesquisa operacional *hard*
Enfatiza o estudo dos métodos matemáticos de resolução.

estabelecer algum tipo de lógica de equacionamento que viabilize a solução – de otimização, na maioria dos casos apresentados neste livro.

A relevância da definição do problema e da construção de modelos na pesquisa operacional ficou evidente a partir da década de 1960, quando estudiosos da área, como Simon[1] (1960, 1963) e Ackoff,[2] publicaram importantes trabalhos científicos a esse respeito. Na mesma década, surgiu o termo **pesquisa operacional soft** para referir-se à parte da pesquisa operacional que trata especificamente da estruturação de problemas (definição e modelagem), em oposição à **pesquisa operacional hard**, que enfatiza o estudo dos métodos matemáticos de resolução.

Dentro desse contexto, e levando em conta os objetivos desta introdução à pesquisa operacional, este capítulo vai introduzir o leitor aos conceitos fundamentais da definição e modelagem de problemas e apresentará algumas estratégias para operacionalizar essas etapas.

2.1 DEFINIÇÃO DE UM PROBLEMA

Antes de apresentar as estratégias para a definição de um problema, é preciso entender o significado do termo *problema*, bem como compreender a diferença entre *perceber* e *identificar* uma situação problemática.

2.1.1 Conceito de problema

A literatura sobre a pesquisa operacional proporciona um expressivo número de trabalhos que enfocam o

---

1 SIMON, H. *The new science of management decision*. New York: Harper & Brothers, 1960; SIMON, H. *A capacidade de decisão e liderança*. Rio de Janeiro: Fundo de Cultura, 1963; SIMON, H. The structure of ill structured problems. *Artificial Intelligence*, v. 4, p. 181-201, 1974.

2 ACKOFF, R. The future of operational research is past. *Journal of the Operational Research Society*, v. 30, p. 93-104, 1979a; ACKOFF, R. Resurrecting the future of OR. *Journal of the Operational Research Society*, v. 30, p. 189-200, 1979b.

conceito de **problema**, entre os quais se podem citar as obras de Simon,[3] Smith,[4] Evans[5] e Landry.[6]

Conforme Smith,[7] "muitas das definições para a palavra **problema** partem do pressuposto de existência de uma diferença ou disparidade entre o modo como as coisas são e como elas deveriam ser". Nessa perspectiva, um problema pode ser um sentimento de dificuldade,[8] um obstáculo a ser ultrapassado,[9] a insatisfação com uma situação estabelecida[10] ou, ainda, a percepção de uma variação, ou discrepância, entre o presente e o suposto estado desejado.[11]

> **Problema**
> Divergência existente entre o resultado planejado e esperado e um resultado não previsto e indesejado obtido em determinada situação.

Em nosso curso, vamos admitir que um **problema** é a divergência existente entre o resultado planejado e esperado e um resultado não previsto e indesejado obtido em determinada situação.[12]

2.1.2 Percepção e identificação de um problema

Nem sempre perceber a existência de um problema significa identificá-lo. Na maioria das situações, as pessoas reconhecem que algo saiu errado, que está fora dos

---

3 SIMON, 1974.

4 SMITH, G. Defining managerial problems: a framework for prescriptive theorizing. *Management Science*, v. 35, n. 8, p. 963-981, 1989.

5 EVANS, JR. A review and synthesis of OR/MS and creative problem solving (parts 1 and 2). *OMEGA International Journal of Management Science*, v. 17, n. 6, p. 499-524, 1989.

6 LANDRY, M. A note on the concept of problem. *Organization Studies*, v. 16, n. 2, p. 315-343, 1995.

7 SMITH, G. Towards a heuristic theory of problem structuring. *Management Science*, v. 34, n. 12, p. 1489-1506, 1988.

8 DEWEY, J. *How we think*. CreateSpace Independent Publishing Platform, 2013.

9 KOFFKA, K. *Principles of Gestalt psychology*. New York: Harcout Brace, 1935.

10 ACKOFF, R.; EMERY, F. *On purposeful systems*. New Brunswick: Aldine Transaction, 2006.

11 BARTEE, E. A holistic view of problem solving. *Management Science*, v. 20, n. 4, p. 439-448, 1973.

12 LONGARAY, A. A. *Estruturação de situações problemáticas baseada na integração da Soft Systems Methodology e da MCDA Construtivista*. 2004. 396 f. Tese (Doutorado em Engenharia de Produção) – Programa de Pós-Graduação em Engenharia de Produção, Universidade Federal de Santa Catarina, Florianópolis, 2004.

padrões; entretanto, elas têm dificuldade para estabelecer o que causou a anomalia.[13]

Imagine, por exemplo, que você está em sua casa trabalhando e seu computador para de funcionar de forma inesperada. Você "percebe" que há um problema, mas conseguiria especificar que problema é esse?

Sua resposta pode ser "sim" ou "não". Se restringirmos a situação a uma possível falta de luz generalizada no bairro, poderemos dizer que essa foi a origem do problema. Nesse caso, você conseguirá identificá-lo claramente.

Mas e se não faltou energia elétrica no bairro e seu computador não apresentou nenhum defeito anteriormente? Ainda assim você conseguirá identificar o problema? Provavelmente sua resposta será "não".

Embora seja possível perceber o efeito gerado pelo problema: o computador não liga. Entretanto, as causas do problema podem ser as mais diversas: *hard disk*, memória RAM, *software*, bateria da BIOS etc.

Causa
Todo e qualquer fato que origina um problema.

Efeito
Evidencia e externaliza a ocorrência de um problema, tornando esse problema perceptível.

Uma *causa* é todo e qualquer fato que origina um problema. Um problema deve, necessariamente, ter pelo menos uma causa. Usualmente, problemas complexos são oriundos de várias causas, que ocorrem em cadeia ou simultaneamente. Na maioria dos casos, a determinação das causas de um problema demanda análise ampla e minuciosa de todo o contexto e das variáveis da situação.

Já um *efeito* evidencia e externaliza a ocorrência de um problema, tornando esse problema perceptível. Todo problema tem pelo menos um efeito, o qual é sempre originado por uma ou mais causas.

Retornando ao exemplo da falha no computador, se a primeira hipótese for verdadeira, teremos como causa

---

13 LONGARAY, 2004.

a falta de energia elétrica e como efeito o não funcionamento do computador. Já na segunda hipótese (não faltou energia elétrica no bairro), é possível identificar claramente o efeito (o computador não funciona), mas sua causa é indefinida e depende de um exame mais extenso e detalhado dos fatores e das circunstâncias que envolvem a ocorrência.

O exemplo descrito nos permite inferir que apenas problemas extremamente simples e com um número bastante reduzido de variáveis são facilmente definidos. No meio organizacional, entretanto, a maioria dos problemas abrange uma grande quantidade de fatores inseridos e interagentes em um contexto de grande complexidade do qual fazem parte clientes, fornecedores, concorrentes, demandas legais e sociais, condições de mercado etc. Mesmo que indiretamente, tais aspectos acabam refletindo nas decisões.

2.2 ESTRATÉGIAS PARA A DEFINIÇÃO DE UM PROBLEMA

Como já foi visto, é possível aplicar a relação lógica de causa-efeito para a definição de um problema.

Um esquema que facilita muito essa tarefa é o desenvolvido por Kaoru Ishikawa.[14] Amplamente empregado em metodologias de análise e solução de problemas, é comumente chamado diagrama de causa-efeito, diagrama espinha de peixe ou, simplesmente, diagrama de Ishikawa.

Graficamente, o **diagrama de Ishikawa** consiste em uma estrutura semelhante a um esqueleto de um peixe, cuja cauda representa a origem do problema e a cabeça alude o efeito percebido desse problema. As espinhas do peixe representam o conjunto de causas.

> **Diagrama de Ishikawa**
> Estrutura semelhante a um esqueleto de um peixe, cuja cauda representa a origem do problema e a cabeça alude o efeito percebido desse problema.

---

14 ISHIKAWA, K. *Controle da qualidade total à maneira japonesa*. Rio de Janeiro: Campus, 1993.

Cada espinha (causa) pode ser explicada por meio de seus ramos, que enfatizam os desdobramentos daquela causa. A Figura 2.1 ilustra o diagrama de Ishikawa.

Figura 2.1 Diagrama de Ishikawa para a definição de um problema[15]

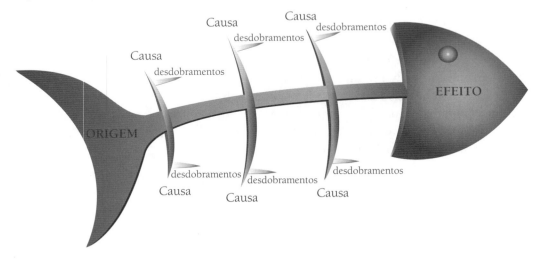

Exemplo 2.1:

Para exemplificar o emprego do diagrama de Ishikawa, vamos supor a ocorrência de um acidente de trabalho em determinada empresa.[16]

Examinando o livro de controle de acidentes de trabalho da referida organização, verifica-se que o mesmo incidente já ocorreu quatro vezes no mesmo ano. Apesar dessa constatação, nenhum setor da empresa assumiu qualquer tipo de responsabilidade sobre a reincidência. Em vez disso, a responsabilidade sempre foi imputada ao operário que sofreu tal acidente.

Diante dessa situação, a Gerência de Recursos Humanos resolveu reunir os responsáveis pelos setores de Segurança do Trabalho, Manutenção, Produção e os membros da Comissão Interna de Prevenção de Acidentes (CIPA), a fim de detectar o real problema.

Foram realizadas algumas reuniões na tentativa de compreender melhor o problema. O gerente de produção, com formação em pesquisa operacional, sugeriu a utilização

---

15 Adaptado de ISHIKAWA, 1993.
16 LONGARAY, A. A. *Notas de aula do curso de metodologia de análise e solução de problemas*. Rio Grande, 2010. [Mimeo].

do diagrama de Ishikawa para organizar e documentar o processo. O resultado, após alguns esboços preliminares, foi a construção de um gráfico espinha de peixe, conforme ilustra a Figura 2.2.

Figura 2.2 Diagrama de Ishikawa para o exemplo do acidente de trabalho[17]

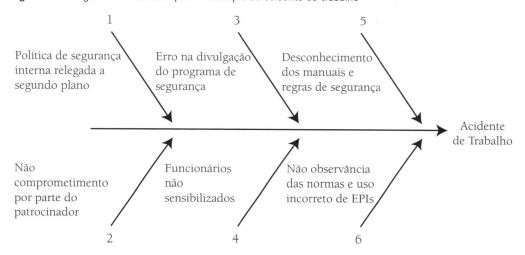

Ao visualizar a Figura 2.2, percebe-se que o acidente de trabalho em si é o efeito do problema (cabeça do peixe).

Em uma análise do efeito em direção às causas (espinhas), percebe-se que esse acidente ocorreu: (6) pela não observância das normas e pelo uso incorreto dos equipamentos de proteção individual (EPI), que se deveu ao (5) desconhecimento dos manuais e regras de segurança por parte (4) dos funcionários, que não estavam sensibilizados em função (3) do erro na divulgação do programa de segurança da empresa, o que demonstrou (2) o não comprometimento por parte do patrocinador, que teve como causa origem (1) a política de segurança interna relegada a segundo plano.

É possível, então, definir o problema da empresa como a "política de segurança relegada a segundo plano". O "acidente de trabalho" é o efeito desse problema, decorrente da conjunção de seis outras causas que propulsionam seu desencadeamento em uma espécie de "efeito cascata".

---

17 Adaptado de LONGARAY, 2010.

A maior vantagem na utilização de diagrama de Ishikawa em relação a outras técnicas existentes para a definição de um problema é a facilidade com que ele pode ser aplicado. O pressuposto lógico básico para seu emprego é o entendimento da relação causa-efeito.

2.3 MODELAGEM DE UM PROBLEMA

No Capítulo 1 foi apresentado o conceito dos modelos empregados na pesquisa operacional. Também ficou evidenciado que esses modelos são predominantemente matemáticos (modelos podem ser classificados ainda como *narrativos*, *esquemáticos* e *físicos*) e vinculados, em sua grande maioria, a um equacionamento lógico que remete às técnicas de otimização ou de simulação.

O que se pretende aqui é familiarizar o leitor com a ideia de "modelagem" ou, ainda, do processo de modelagem na pesquisa operacional.

Processo de modelagem
Consiste em um conjunto de procedimentos adotados para construir um esquema que represente o problema.

De modo geral, pode-se dizer que o **processo de modelagem** consiste em um conjunto de procedimentos adotados para construir um esquema que represente o problema. Nesse processo, deve-se levar em conta que o mundo é formado por eventos dinâmicos e que tudo o que nos cerca não segue, necessariamente, uma lógica pré-determinada. Na modelagem de um problema, cabe a nós o engendramento de todos os fatores, circunstâncias e possibilidades, de acordo com nossos objetivos e interesses.

Além disso, cada pessoa visualiza determinada situação de um modo próprio, diferente e particular. Retomemos o exemplo do computador, descrito na seção anterior. Enquanto uma pessoa pode entender que a solução para o problema é enviá-lo para a assistência técnica, outra pode preferir vendê-lo no estado em que se encontra e comprar um novo computador. São diferentes soluções para o mesmo problema, o que nos leva a concluir que as pessoas possuem modelos mentais personalizados.

Esses aspectos ajudam a explicar o porquê da improbabilidade de se criarem modelos perfeitos para a resolução de problemas. Na maioria dos casos, o que temos são esquemas que buscam exprimir as percepções das pessoas a respeito de determinada realidade.

2.4 ESTRATÉGIAS PARA A MODELAGEM DE UM PROBLEMA

A grande dificuldade na modelagem dos problemas reside na *abstração do cenário*, justamente a etapa que não exige conhecimentos matemáticos ou estatísticos, nem sequer o uso de uma lógica formalizada, ao contrário do que imaginam muitos iniciantes em pesquisa operacional.

O **processo de abstração de cenário** pode ser resumido na capacidade do praticante da pesquisa operacional de mapear determinada situação, estabelecer as relações existentes nela, bem como identificar todos os participantes e suas interações com o problema.

Uma ferramenta extremamente eficaz para a abstração de cenário é o **brainstorming**, expressão idiomática da língua inglesa que, traduzida para o português, significa "tempestade de ideias".

A técnica do *brainstorming* surgiu em 1953, quando Alex Faickney Osborn publicou o livro *Applied Imagination*,[18] no qual abordava a utilização do processo criativo para a solução de problemas. De acordo com Osborn, as pessoas não expõem suas ideias por medo das críticas e de uma possível avaliação negativa, bem como da não aceitação por outras pessoas. Isso acaba por tolher o processo criativo e a capacidade apreciativa do indivíduo.

Um exemplo disso é a relação entre professor e aluno em sala de aula. Não são raras as situações em que se

---

Processo de abstração de cenário
Pode ser resumido na capacidade do praticante da pesquisa operacional de mapear determinada situação, estabelecer as relações existentes nela, bem como identificar todos os participantes e suas interações com o problema.

Brainstorming
Expressão idiomática da língua inglesa que, traduzida para o português, significa "tempestade de ideias".

---

18 OSBORN, A. *Applied imagination*: principles and procedures of creative problem solving. New York: Charles Scribner's Sons, 1953.

solicita alguma possibilidade para lidar com determinado problema e a resposta vem na forma de um enorme silêncio. Alguns alunos não falam porque têm medo do julgamento do professor; outros não querem se submeter ao julgamento dos colegas. Há, ainda, aqueles que entendem que, ficando quietos, passarão despercebidos.

A técnica de *brainstorming* procura libertar as pessoas do engessamento comportamental que o processo de socialização provoca. O *brainstorming* se baseia na quantidade de ideias formuladas a respeito de determinado tema. Quanto maior o número de ideias, maior é a probabilidade de obter sucesso na resolução do problema. Certa vez, Linus Pauling, famoso cientista ganhador do prêmio Nobel, teria dito que a melhor maneira de ter uma grande ideia é ter muitas ideias.

Para operacionalizar o processo de *brainstorming*, sugerem-se os seguintes passos:

- Formar um grupo de pessoas (se forem muitas, podem-se criar vários grupos). Isso permitirá colher percepções diversas sobre um mesmo tema.
- Realizar rodadas de ideias. Em cada rodada, cada um dos participantes deve contribuir com uma ideia, diferente das dos demais.
- Nenhuma ideia necessita de justificativa, não importa o nível de dificuldade para implantação ou o nível de abstração. Todas as ideias devem ser consideradas.
- Todas as ideias devem ser anotadas em local visível aos membros do grupo. Sugere-se a utilização de *flip chart* ou lousa.
- Escolher as ideias mais adequadas à situação. Quando o grupo entender que o processo de criação de ideias chegou à exaustão, seus membros devem votar naquelas consideradas mais interessantes.

Fazer que as pessoas estejam comprometidas com o processo e não cometam pré-julgamento é a parte mais difícil da utilização da técnica de *brainstorming*. O *brainstorming* é uma técnica de geração livre de ideias sobre um tema; nesse processo é proibido proibir.

Para nosso curso de pesquisa operacional, o *brainstorming* pode auxiliar os acadêmicos na abstração do cenário, permitindo-lhes perceber detalhes que influenciarão a qualidade do processo de decisão. Cada situação problemática, por mais semelhante que seja a outras já vivenciadas pelo profissional, tem suas próprias peculiaridades.

A vantagem da utilização do *brainstorming* está em sua facilidade de entendimento e aplicação, pois não exige conhecimento ou treinamento prévio.

Capítulo 2 ▶ O processo de definição e modelagem de um problema

2.5 PRINCÍPIOS PARA A MODELAGEM DE PROBLEMAS

O êxito da modelagem na pesquisa operacional depende do reconhecimento por parte de seus usuários quanto às vantagens e limitações existentes no emprego desse tipo de abordagem. Nesse sentido, Phillips, Ravindran e Solberg[19] sugerem alguns cuidados que devemos ter na modelagem de problemas, elencados em dez princípios:

1. **Não construa um modelo complicado quando um simples é o suficiente**. Neste caso, aplica-se o princípio da Navalha de Ockham, no qual o filósofo inglês medieval e monge franciscano William de Ockham postula que a pluralidade não deve ser colocada sem necessidade. Em síntese, a explicação mais simples é a melhor. Na modelagem, devem-se evitar modelos rebuscados, a não ser que eles sejam necessários. Ademais, como a implantação dos modelos em pesquisa operacional requerem esforço computacional, quanto maior for a complexidade, maiores serão os custos.

2. **Cuidado para não modelar um problema em detrimento de determinada técnica**. Este item chama a atenção para a tendência que os profissionais de pesquisa operacional têm de distorcer a realidade no processo de modelagem para que o modelo construído se adeque à técnica de sua preferência. Por exemplo, todo e qualquer problema, quando analisado por um *expert* em programação linear, pode requerer, na visão desse profissional, um modelo de programação linear. Há uma diversidade de opções para a resolução de um problema; não restrinja essa gama de oportunidades a apenas uma ou outra ferramenta de modelagem matemática.

3. **Seja rigoroso com a etapa de abstração do cenário**. Procure detalhar ao máximo o contexto de decisão (variáveis, atores, agentes, relacionamentos, ambiente). Quanto mais características do cenário forem obtidas, mais o modelo construído se aproximará da realidade. Nessa etapa, reducionismos devem ser deixados de lado. De nada adianta a construção de um modelo sofisticado que não seja condizente com a realidade.

4. **Modelos devem ser legitimados antes de serem implementados**. Após a construção do modelo, o profissional de pesquisa operacional deve utilizar instrumentos que permitam comparar o desempenho do modelo desenvolvido com o desempenho esperado do sistema real para o qual foi projetado. Se o modelo for de previsão de vendas de determinado produto, por exemplo,

---

19 PHILIPS, D.; RAVINDRAN, A.; SOLBERG, J. *Operations research*. New York: John Wiley & Sons, 1976.

seria interessante a introdução de dados históricos do mercado para verificar qual é o comportamento do sistema.

5. **Um modelo não deve ser tomado ao pé da letra**. Esse princípio é um tanto quanto óbvio no que diz respeito a modelos que aplicam uma estrutura lógica simples, mas facilmente esquecido quando se refere a modelos matematicamente sofisticados. Para exemplificar, podemos citar os modelos econômicos. Alguns desses modelos são desenvolvidos após extensos anos de pesquisa, bem como o dispêndio de muitos recursos financeiros e pessoas. Como resultado, o modelo se solidifica como ideia e acaba ganhando "vida própria". Ele se torna realidade na perspectiva de seus criadores, e, quando algo ocorre fora das expectativas, o erro é atribuído às contingências, ao mercado, às pessoas, mas nunca ao próprio modelo.

6. **Um modelo não deve ser criticado por não fazer aquilo que ele não foi construído para fazer**. Esse princípio se refere à generalização que se faz de muitos modelos na pesquisa operacional. Modelos são originalmente construídos para uma situação específica, em determinado contexto. Quando esses modelos são adaptados para outros contextos, nem sempre alcançam os resultados esperados.

7. **Cuidado para não gerar expectativas que extrapolem as reais potencialidades do modelo**. Alguns praticantes da pesquisa operacional divulgam seus modelos como verdadeiras "maravilhas solucionadoras de problemas". É importante ter claro que um modelo nada mais é do que uma forma (entre as muitas existentes) de lidar com um problema. Mesmo porque modelos são falíveis na medida em que dependem da capacidade de análise e da experiência do profissional que o desenvolveu.

8. **Alguns dos benefícios da modelagem estão relacionados ao processo de desenvolvimento do modelo**. Se, no início, alguns praticantes da pesquisa operacional consideram o processo de modelagem extremamente árduo, após algum tempo passam entendê-lo como fundamental para seu desenvolvimento profissional. Um modelo pronto não expressa todo o conhecimento adquirido durante sua construção.

9. **Um modelo não pode ser melhor do que as informações contidas nele**. Para ilustrar esse princípio, é preciso citar uma máxima utilizada por programadores de computadores: "Lixo que entra é igual a lixo que sai" (de GIGO, abreviatura em inglês para *Garbage In, Garbage Out*). Se as informações contidas no modelo forem incertas e imprecisas, não há como esperar resultados exatos e fidedignos.

10. **Modelos não podem substituir decisores**. Um modelo, por mais elaborado que seja, representa tão somente o equacionamento lógico de uma situação

problemática. Ele nunca sobreporá a capacidade humana de percepção e análise das coisas e fatos. Devemos, portanto, manter os modelos na condição de boas ferramentas que proporcionam auxílio na tomada de decisão. Não se esqueça de que, no final das contas, quem vai decidir é uma pessoa ou um grupo de pessoas.

Esses dez princípios podem ser de grande valia para o iniciante na pesquisa operacional. Sugere-se ao leitor que, durante o curso, retome tais postulados sempre que se deparar com algum tipo de dificuldade no processo de modelagem.

▶ DESTAQUES DO CAPÍTULO

Este capítulo abordou o processo de definição e modelagem de problemas. Em linhas gerais, estabeleceu a importância da correta delimitação do problema e do reconhecimento dos aspectos interagentes dentro de um contexto específico, bem como do desenvolvimento de um modelo como seu instrumento de representação.

Em um primeiro momento, foi exposto o conceito de *problema*, a diferença entre a percepção dos efeitos de um problema e a identificação de suas causas.

A fim de operacionalizar o processo de definição do problema, foi apresentada a técnica do diagrama de Ishikawa, que consiste na utilização de uma forma gráfica, semelhante a uma espinha de peixe, que dispõe as relações de causa-efeito em um ordenamento cronológico e de fácil compreensão.

A segunda parte do capítulo tratou da modelagem de um problema. O objetivo foi dar ao leitor um entendimento do significado do uso dos modelos na pesquisa operacional.

Como estratégia para a modelagem de problemas, o capítulo abordou a técnica do *brainstorming*. Ficou demonstrado como a aplicação do *brainstorming* pode auxiliar no processo de abstração de cenários.

Por fim, foram apresentados dez princípios básicos para o iniciante na modelagem de problemas da pesquisa operacional.

▶ ATIVIDADES NA INTERNET

Reúna-se com três a cinco colegas de sua turma de pesquisa operacional. Esse grupo deve:

a. fazer uma pesquisa em sites de busca na internet usando as expressões "pesquisa operacional *hard*" e "pesquisa operacional *soft*";

b. procurar informações sobre o que são, para que servem e como são aplicadas as técnicas de mapeamento cognitivo e *Soft Systems Methodology*;

c. localizar artigos científicos com exemplos práticos da utilização das técnicas de pesquisa operacional *soft*.

O resultado das pesquisas realizadas pelo grupo deve ser exibido ao professor em sala de aula, em uma apresentação de no máximo 15 minutos.

► EXERCÍCIOS DE REVISÃO

1. Um problema pode ser conceituado como:
   a) Tudo aquilo que nos causa desconforto, incômodo.
   b) Algo que está fora dos padrões de conformidade.
   c) A diferença entre o que foi planejado e o resultado alcançado.
   d) As alternativas *a*, *b* e *c* estão incorretas.
   e) As alternativas *a*, *b* e *c* estão corretas.

2. Escreva V (verdadeiro) ou F (falso).
   ( ) Um problema complexo pode ser identificado a partir do efeito percebido por sua ocorrência.
   ( ) A identificação de um problema depende do estabelecimento de sua relação causa-efeito.
   ( ) Em problemas simples, o efeito percebido pode também ser a causa de sua ocorrência.
   ( ) Há somente uma causa para cada efeito percebido do problema.
   ( ) Uma causa pode gerar mais de um efeito percebido.

3. Sobre o diagrama de Ishikawa, é correto afirmar que:
   a) É um instrumento gráfico que auxilia apenas na visualização das causas de um problema.
   b) É um instrumento gráfico que auxilia na visualização dos efeitos de um problema.
   c) É um instrumento gráfico que auxilia na visualização desordenada das causas e dos efeitos de um problema.
   d) É um instrumento gráfico que auxilia na visualização lógica das causas e dos efeitos de um problema.
   e) Nenhuma das alternativas está correta.

4. É correto afirmar que um modelo:
   a) É a representação fiel, em escala reduzida, de um problema.
   b) É a representação exata da realidade de um problema.
   c) É a representação daquilo que é percebido, segundo a ótica do observador, de determinado problema.
   d) É sempre representado pelo equacionamento matemático de um problema.
   e) Nenhuma das alternativas está correta.

5. Escreva V (verdadeiro) ou F (falso).
   ( ) O *brainstorming* é uma técnica que exige conhecimento prévio do usuário.
   ( ) O *brainstorming* procura criar um modelo para resolver um dado problema.
   ( ) O *brainstorming* é uma ferramenta que permite a interação entre pessoas e o surgimento de ideias sobre um cenário.
   ( ) O *brainstorming* possui regras rígidas a serem seguidas em sua utilização.
   ( ) No *brainstorming*, quanto maior o número de ideias, mais confuso fica o entendimento do cenário.

6. Sobre os princípios da modelagem, é correto afirmar que:
   a) Um modelo deve ser o mais rebuscado possível, demonstrando toda a capacidade e o conhecimento do praticante da pesquisa operacional.
   b) Um modelo deve ser utilizado como uma referência incontestável para a resolução do problema, não devendo sofrer alterações em seu esquema original.
   c) Desde que atenda aos objetivos propostos, um modelo deve ser o mais simples possível.
   d) Modelos bem elaborados substituem a capacidade humana de decidir.
   e) Nenhuma das alternativas está correta.

7. Use a técnica do *brainstorming* a fim de gerar alternativas para medir a altura de um prédio usando apenas um termômetro. Siga as orientações descritas neste capítulo e defina um número interessante de possibilidades (pelo menos 5 alternativas). Escolha a alternativa mais adequada para o contexto imaginado por você.

8. Procure lembrar-se de uma experiência em que você, na posição de cliente, foi mal atendido pelo prestador de serviço. Pode ser um jantar em um restaurante, compras em um supermercado, o conserto de seu carro. Faça um diagrama de Ishikawa identificando os efeitos do problema percebido por você (o que deixou você insatisfeito) e tente chegar às causas geradoras dele (as origens do problema).

▶ ESTUDO DE CASO

João Antônio é sócio de uma indústria que produz perfis estampados em chapas metálicas. Tem como clientela pequenas empresas da construção civil e motomecânica em todo o mercado nacional, que necessitam de projetos customizados.

O processo de estamparia constitui-se em dar a forma de um objeto desejado usando uma chapa como matéria-prima e prensas hidráulicas e mecânicas como ferramental básico. Uma panela de alumínio, uma roda de automóvel, uma peça para medidor de energia são exemplos de estamparia.

No caso da empresa de João Antônio, são fabricadas longarinas, arruelas e pequenas peças motomecânicas.

As chapas metálicas empregadas no processo de estampagem possuem um tamanho padrão de 250 milímetros de comprimento por 150 milímetros de largura. Conforme a peça a ser construída, as chapas são cortadas, dobradas ou prensadas, e estampadas de acordo com as especificações.

No processo há três departamentos envolvidos: Produção, Almoxarifado e Vendas. O Departamento de Produção é responsável pelos processos de corte, dobra e prensagem das chapas. O Almoxarifado é responsável pela compra e pelo controle do estoque das chapas. O Departamento de Vendas é responsável por repassar as informações sobre o que deve ser produzido diretamente ao Departamento de Produção.

O problema de João Antônio é que, de um ano para cá, está havendo desperdício do insumo de maior custo na produção, que são justamente as chapas metálicas. Ele realizou uma pequena investigação por conta própria e verificou que, todos os dias, grande quantidade de sobras de chapas metálicas recortadas é descartada no contêiner de resíduos.

João Antônio conversou com cada um dos departamentos. Ele ouviu do gerente de produção que seu departamento não tinha culpa, pois as informações de demanda sempre chegavam com pouca ou nenhuma antecedência. O gerente do Almoxarifado

alegou não ter controle sobre o que está sendo produzido. Ele apenas atende às requisições recebidas do Departamento de Produção e compra insumos com base na previsão fornecida pelo Departamento de Vendas. Já o gerente de vendas disse que sua maior preocupação é com a sobrevivência da empresa, e isso se traduz na quantidade de produtos que ele consegue vender mensalmente. Detalhes de produção e matérias-primas só lhe dizem respeito quando há reclamações dos clientes.

Para tentar resolver o impasse, João Antônio achou interessante reunir os três gerentes para discutir o problema. Assim, convocou uma reunião com eles para saber o que está ocorrendo na empresa.

Questões

1. Reúna um grupo com três a cinco colegas.

2. Elabore um diagrama de Ishikawa para definir o problema, identificando suas causas e efeitos.

3. Utilize a técnica do *brainstorming* para gerar e organizar as ideias para resolver o problema de João Antônio.

4. Modele uma possível solução para evitar o desperdício das sobras das chapas. Essa solução deve envolver atribuições para os três gerentes da empresa.

▶ REFERÊNCIAS

ACKOFF, R. The future of operational research is past. *Journal of Operational Research Society*, v. 30, p. 93-104, 1979a.

_____. Resurrecting the future of OR. *Journal of Operational Research Society*, v. 30, p. 189-200, 1979b.

_____.; EMERY, F. *On purposeful systems*. New Brunswiell: Aldine Transaction, 2006.

BARTEE, E. A holistic view of problem solving. *Management Science*, v. 20, n. 4, p. 439-448, 1973.

EVANS, JR. A review and synthesis of OR/MS and creative problem solving (parts 1 and 2). *OMEGA International Journal of Management Science,* v. 17, n. 6, p. 499-524, 1989.

DEWEY, J. *How we think*. CreateSpace Independent Publishing Plataform, 2013.

ISHIKAWA, K. *Controle da qualidade total à maneira japonesa*. Rio de Janeiro: Campus, 1993.

KOFFKA, K. *Principles of Gestalt psychology*. New York: Harcout Brace, 1935.

LANDRY, M. A note on the concept of problem. *Organization Studies*, v. 16, n .2, p. 315-343, 1995.

LONGARAY, A. A. *Estruturação de situações problemáticas baseada na integração da Soft Systems Methodology e da MCDA Construtivista*. 2004. 396 f. Tese (Doutorado em Engenharia de Produção) – Programa de Pós-Graduação em Engenharia de Produção, Universidade Federal de Santa Catarina, Florianópolis, 2004.

_____. *Notas de aula do curso de Metodologia de Análise e Solução de Problemas*. Rio Grande, 2010. [Mimeo].

OSBORN, A. *Applied imagination*: principles and procedures of creative problem solving. New York: Charles Scribner's Sons, 1953.

PHILIPS, D.; RAVINDRAN, A.; SOLBERG, J. *Operations research*. New York: John Wiley & Sons, 1976.

SIMON, H. *The New Science of Management Decision*. New York: Harper & Brothers, 1960.

_____. *A capacidade de decisão e liderança*. Rio de Janeiro: Fundo de Cultura, 1963.

_____. The structure of ill structured problems. *Artificial Intelligence*, v. 4, p. 181-201, 1974.

SMITH, G. Towards a heuristic theory of problem structuring. *Management Science*, v. 34, n. 12, p. 1489-1506, 1988.

_____. Defining managerial problems: a framework for prescriptive theorizing. *Management Science*, v. 35, n. 8, p. 963-981, 1989.

Modelos matemáticos de otimização

O Capítulo 2 evidenciou a questão da definição e da modelagem de problemas complexos, dando ênfase à abstração de cenários em situações do dia a dia organizacional e pessoal que exigem a tomada de decisão. Com isso, o leitor deve ter percebido quão árduo é o trabalho de estruturar e resolver um problema.

Deve-se salientar que o objetivo do processo de definição e modelagem do problema é proporcionar decisões coerentes, de modo organizado, seguindo alguma lógica que justifique a alternativa escolhida.

A pesquisa operacional, como ciência da tomada de decisão, tem contribuído para o desenvolvimento científico de uma variedade de modelos matemáticos, estatísticos e heurísticos para a resolução de problemas complexos. Tais modelos funcionam como *standards* para a tomada de decisão. Desde que determinado problema se enquadre nos critérios do modelo padronizado, este pode ser utilizado com alto índice de sucesso no processo decisório.

Nas décadas de 1940, 1950 e 1960, cientistas financiados pelos governos norte--americano e britânico procuraram desenvolver o maior número possível de modelos para todos os tipos de problema que encontrassem. Muitos modelos criados nessa época tiveram grande repercussão mundial. Entre eles, destacam-se os modelos de otimização, amplamente empregados nas mais diversas áreas (médica, industrial, comercial, de educação etc.) e segmentos (público e privado) da sociedade moderna.

Considerando essa relevância, este capítulo aborda os modelos de otimização, caracterizando e apresentando os principais conceitos atinentes a eles e descrevendo a estrutura básica dos problemas de programação matemática, os quais fundamentam algebricamente os algoritmos dos modelos de otimização.

3.1 DEFINIÇÃO DE MODELO DE OTIMIZAÇÃO

De acordo com o dicionário Houaiss,[1] *otimizar* significa criar condições mais favoráveis para determinado evento ou situação, estabelecer o melhor valor possível de alguma coisa.

---

1 HOUAISS, A. *Dicionário Houaiss da Língua Portuguesa*. Rio de Janeiro: Objetiva, 2009.

Modelo de otimização
Esquema lógico de representação de determinado problema organizado de forma a obter uma solução única e ótima.

Se nos reportarmos a um dos conceitos apresentados nos capítulos anteriores, que se refere ao termo *modelo*, poderemos reunir as palavras *otimizar* e *modelar* e obter novo significado: o de **modelo de otimização**, que seria um esquema lógico de representação de determinado problema organizado de forma a obter uma solução única e ótima.

Na definição proposta destaca-se a característica da solução única. Em um modelo de otimização, o objetivo é o alcance da melhor entre todas as soluções possíveis. Isso quer dizer que a resposta para um problema modelado dentro da perspectiva da otimização deve ser singular.

3.2 O OBJETIVO DE UM MODELO DE OTIMIZAÇÃO

Uma dúvida recorrente entre os iniciantes em pesquisa operacional diz respeito aos objetivos dos modelos de otimização.

A ideia de *otimizar algo* leva alguns estudantes ao equívoco de que isso significa alcançar sempre mais, ou seja, atingir a maior quantidade de dinheiro, o maior número de unidades vendidas, o maior lucro ou receita.

Essa associação é correta quando um modelo de otimização tem por finalidade a *maximização* do objetivo. Entretanto, muitas vezes, o que se procura na otimização é reduzir ao mínimo possível determinado fator, como, por exemplo, os custos de produção, o tempo de fabricação de determinado item, o número de horas extras em uma fábrica etc. Nesse caso, dizemos que o modelo de otimização busca a *minimização* do objetivo.

Em termos práticos, pode-se, então, generalizar as possibilidades do objetivo de um modelo de otimização como sendo de *maximização* (Max) ou de *minimização* (Min). A esses extremos chamamos *limites do objetivo* de um modelo de otimização.

Capítulo 3 ▶ Modelos matemáticos de otimização

Assim, em uma perspectiva lógica, pode-se dizer que quando o objetivo procurado em um modelo de otimização estiver no limite extremo inferior das possibilidades desse modelo, teremos a *minimização*, ao passo que se o objetivo estiver em seu oposto superior, teremos a *maximização*.

3.3 AS RESTRIÇÕES DE UM MODELO DE OTIMIZAÇÃO

Outro importante aspecto a ser levado em consideração em nosso estudo são as *restrições* às quais está submetido todo e qualquer modelo de otimização.

As restrições refletem os fatores limitantes de determinado problema. Em geral, dizem respeito aos insumos de matérias-primas, aos recursos financeiros, aos recursos humanos, aos recursos tecnológicos, ao tempo, à demanda de produtos acabados etc.

Uma restrição, para ser assim classificada, deve obrigatoriamente estar relacionada com o objetivo do modelo. Ou seja, as variações na quantidade de um aspecto considerado limitante no problema deverá impactar também no resultado final do modelo.

Essas restrições podem ser de limite superior ou de limite inferior. **Restrições de limite superior** são aquelas em que há uma quantidade *máxima* fixada de determinado recurso. A utilização desse recurso não poderá ultrapassar o limite estabelecido.

> **Restrições de limite superior**
> São aquelas em que há uma quantidade *máxima* fixada de determinado recurso.

Exemplo 3.1

Pode-se tomar como exemplo de restrição de limite superior a quantidade de litros de água esterilizada a ser empregada por dia na fabricação de um perfume, em um dado modelo de otimização. Suponha que a fábrica de perfumes tenha condições de armazenar 2.000 litros de água esterilizada por dia. Isso significa que existem

2.000 litros de água esterilizada para a fabricação de perfume. Em consequência, o limite superior para a restrição da água esterilizada é de 2.000 litros/dia.

Restrições de limite inferior são aquelas em que há uma quantidade *mínima* fixada de determinado recurso. A utilização desse recurso não pode ser menor do que o limite mínimo estabelecido.

Exemplo 3.2

Suponha agora que uma indústria de rações fabrique ração para cães, composta de proteínas, cálcio e vitaminas, em pacotes de 20 kg. Uma determinação de um suposto órgão regulador de saúde animal prevê a necessidade de um mínimo de 40% de vitaminas em todo e qualquer tipo de ração canina. Nesse caso, a indústria deve necessariamente fabricar pacotes de ração de 20 kg que contenham no mínimo 8 kg (40%) de vitaminas.

Cabe ressaltar que um mesmo modelo de otimização pode conter inúmeras restrições. Isso significa, por exemplo, a coexistência de uma restrição de tempo de utilização de uma máquina da produção com a restrição do número de máquinas em manutenção preventiva por dia.

3.4 AS VARIÁVEIS DE UM MODELO DE OTIMIZAÇÃO

Agora que já apresentamos a estrutura básica de um modelo de otimização, composta pelo objetivo e pelo conjunto de restrições, podemos apresentar os elementos que criam a dinâmica do modelo: as variáveis.

Uma *variável* pode ser definida como qualquer elemento da natureza que possa assumir diferentes valores. O valor assumido é, na maioria dos casos, consequência do arranjo lógico (modelo) em que a variável está inserida.

Em modelos de otimização, as variáveis são os aspectos que se quer quantificar, como o número de produtos manufaturados em uma fábrica, o montante de dinheiro a ser investido por uma corretora em cada tipo de carteira de ações, o número de funcionários necessários para compor uma equipe em um turno de trabalho, a quantidade de serviços prestados por uma empresa de terceirização em um período, a frequência semanal de visitas de um vendedor, entre outras.

Por convenção, cada variável deve ser representada por uma incógnita. Usualmente, atribui-se à variável a letra x, com índices i e j quando necessário; entretanto, pode-se empregar qualquer outra letra ou símbolo. O importante, nesse processo, é a manutenção da coerência e da lógica da variável.

Exemplo 3.3

Imagine que, em um modelo de otimização de produção encomendado por uma pequena fábrica de calçados, poderíamos denominar as variáveis *quantidade de sapatos femininos produzidos por dia* e *quantidade de sapatos masculinos produzidos por dia* como variáveis x_1 e x_2, respectivamente.

Uma **variável** é, portanto, a representação de um evento físico que possa assumir diferentes valores em função de alterações em outros elementos que façam parte de seu contexto.

Embora, em termos gerais, as variáveis possam assumir todos e quaisquer valores, é necessário fazer uma ressalva quanto aos *valores negativos*. Em modelos de otimização, a maioria das variáveis assume *valores positivos* ou *nulos*.

Um *valor positivo* indica a existência daquele evento em uma relação proporcional ao número de unidades que a variável representa.

Um *valor nulo* indica que aquela variável não se altera nas condições específicas a que está sendo submetida ou em que está sendo testada.

Entretanto, muitas vezes, um valor negativo se apresenta como ilógico. Basta imaginar, por exemplo, a produção de *menos duas unidades* de teclados em uma fábrica de *hardware*. Essa afirmação é inconsistente, pois o que é plausível de ser executado é a *não produção* de teclados (*variável nula*). Você já se deparou com *menos um teclado* para vender em uma loja de informática?

A exceção se dá quando temos o fenômeno da *variável livre*, que será explicado mais adiante.

> **Variável**
> Representação de um evento físico que possa assumir diferentes valores em função de alterações em outros elementos que façam parte de seu contexto.

3.5 AS CONSTANTES DE UM MODELO DE OTIMIZAÇÃO

Ao contrário de uma variável, o valor de uma constante não sofre alterações, independentemente das mudanças ocorridas em outros aspectos do contexto em que está inserida.

De forma geral, nos modelos de otimização, as constantes se fazem presentes como componentes do objetivo. Em modelos lineares, por exemplo, é comum serem constantes os valores unitários de mensuração do objetivo, como o lucro de um produto, o custo de uma mercadoria, o retorno de um investimento etc.

Exemplo 3.4

Imagine um modelo que vise a maximização do lucro diário de uma empresa de serviços terceirizados que preste dois tipos de manutenção, a preventiva (variável *A*) e a manutenção emergencial (variável *B*). Os lucros unitários pela prestação dos serviços *A* e *B* são, respectivamente, R$ 17,50 e R$ 26,00. É possível visualizar que, independentemente do número de execuções dos dois serviços, os valores dos lucros unitários não se alteram.

Não é recomendado, contudo, que constantes assumam valores de variáveis. Excetuando-se situações em que não há como determinar um máximo ou mínimo, uma constante não deveria fazer parte do conjunto de variáveis de um modelo de otimização.

Exemplo 3.5

Suponha que um pequeno produtor faça viagens regulares de sua cidade para a capital do estado, a fim de vender produtos hortigranjeiros (tomates, laranjas, limões etc.), e pretenda carregar seu caminhão da forma o mais otimizada possível. Ele não sabe quantas caixas de tomate e laranja vai vender na feira, mas tem uma encomenda de 30 caixas de limões. Nesse caso, enquanto *caixas de tomate* e *caixas de laranja* são variáveis, as *caixas de limões* são uma constante, pois o produtor conhece de antemão o número a ser carregado no caminhão.

No exemplo anterior, considerar as caixas de limões uma variável não seria matematicamente incorreto; entretanto, além de não ser o processo mais lógico (equiparar uma constante a uma variável), vai aumentar consideravelmente o número de cálculos a serem realizados para a resolução do problema, como será visto mais adiante.

A **constante** pode ser entendida como um evento cujo valor não sofre mudança, independentemente das alterações realizadas em outros componentes do modelo.

Por uma questão de convenção, uma constante deve ser representada pela letra k, com os índices i e j quando houver necessidade.

> **Constante**
> Evento cujo valor não sofre mudança, independentemente das alterações realizadas em outros componentes do modelo.

3.6 A ESTRUTURA LÓGICA DE UM MODELO DE OTIMIZAÇÃO

Neste momento, o leitor já deve ter percebido que um simples modelo de otimização contém, em sua estrutura básica, determinado número de constantes e variáveis que integram o objetivo e as restrições.

A questão premente se refere à organização de todos esses aspectos em uma forma lógica e estruturada, a fim de dar sentido ao modelo de otimização elaborado para que não apenas o responsável pelo desenvolvimento da solução, mas todos aqueles que tiverem interesse pelo referido problema possam entendê-lo.

Isso é possível por meio da construção do **algoritmo** do modelo de otimização. Um algoritmo pode ser definido como uma sequência definida e limitada de instruções que podem ser executadas de forma desencadeada e ordenada, de acordo com um roteiro lógico.

> **Algoritmo**
> Sequência definida e limitada de instruções que podem ser executadas de forma desencadeada e ordenada, de acordo com um roteiro lógico.

O exemplo clássico do algoritmo é o da receita de bolo.[2] Para que a confecção de um bolo seja exitosa, um *script* deve ser observado. Os componentes (farinha, ovos, açúcar, manteiga, leite e fermento) devem

---

2 LAUDON, K.; LAUDON, J. *Sistemas de informações gerenciais*. Rio de Janeiro: Pearson, 2004.

ser adicionados em determinada ordem. A forma de misturá-los também merece atenção quanto ao tempo e ao método (à mão, com a ajuda de uma batedeira). Por fim, deve-se colocar o bolo no forno aquecido a certa temperatura e por um período definido. Tem-se, assim, a solução para o problema: o bolo pronto. De forma análoga, os modelos de otimização têm sua "receita de bolo", que são os algoritmos de otimização.

Os algoritmos de otimização representam a estrutura lógica do modelo. Nele, o objetivo, as restrições, as variáveis e constantes são engendrados de forma a alcançar a solução matemática do problema.

Assim como a receita de bolo, a otimização possui padrões de algoritmos estabelecidos ao longo da história da pesquisa operacional. Você não precisa inventar – a menos que deseje isso – uma receita de bolo de chocolate. Basta consultar livros de receitas para encontrar sugestões de como preparar um seguindo todos os passos descritos. Além disso, existem receitas de bolo com quase todo tipo de ingredientes e sabores.

Ao aspirante a mestre-cuca cabe aprender as receitas, desenvolver uma técnica e ampliar o repertório de bolos. O mesmo acontece com o praticante da pesquisa operacional. A maioria dos modelos *standard* de otimização já possui algoritmos desenvolvidos; basta acessá-los. Como nas variedades de bolo, há uma quantidade significativa de variações de algoritmos de otimização para as mais diversas áreas de atuação.

O que deve ficar claro para o leitor, portanto, é que, ao trabalhar com a otimização para aplicações rotineiras em organizações, como programação de produção, fluxo de caixa, mix de vendas, distribuição de turnos de trabalho etc., não será preciso reinventar a roda.

O que se exige do usuário dos métodos da pesquisa operacional é que ele conheça os algoritmos básicos de otimização e saiba empregá-los. Treinar a execução é fundamental. Afinal, qualquer pessoa pode ler a receita de bolo em um site da internet, mas será que isso significa saber preparar o bolo?

3.7 A ESTRUTURA MATEMÁTICA DE UM MODELO DE OTIMIZAÇÃO

Os modelos de otimização podem ser classificados, em uma perspectiva algébrica, como modelos de programação matemática.

Capítulo 3 ▶ Modelos matemáticos de otimização

De acordo com Bronson,[3] um modelo de programação matemática é um problema de otimização em que o objetivo e as restrições são expressos como funções matemáticas e relações funcionais.

Neste livro, de acordo com os objetivos propostos para uma introdução à pesquisa operacional, os modelos de programação matemática seguirão a seguinte forma geral:[4]

otimizar $Z = f(x_1, x_2, ..., x_n)$

sujeito a:

$$g_1(x_1, x_2, ..., x_n) \leq, =, \geq b_1$$
$$g_2(x_1, x_2, ..., x_n) \leq, =, \geq b_2$$
$$g_3(x_1, x_2, ..., x_n) \leq, =, \geq b_3$$
$$... \ ... \ ... \qquad ... \quad ...$$
$$g_m(x_1, x_2, ..., x_n) \leq, =, \geq b_m$$

onde:

x_j = variáveis do modelo ($j = 1, 2, ..., n$);

$f(x)$ = função objetivo do modelo;

b_i = termo independente das restrições do modelo ($i = 1, 2, ..., m$);

$g_i(x)$ = funções das restrições do modelo ($i = 1, 2, ..., m$);

n = número de variáveis do modelo; e

m = número de restrições do modelo.

Na estrutura apresentada, cada uma das m relações das restrições do modelo envolve um dos seguintes sinais: o de limite superior ($\leq$), o de situação de igualdade matemática ($=$) ou de limite inferior ($\geq$). Tais sinais ficam posicionados entre os lados esquerdo (função da restrição) e direito (termo independente) das restrições.

Por fim, cumpre lembrar que a forma geral da estrutura matemática de um modelo de otimização aqui detalhada pode sofrer pequenos ajustes e que particularidades algébricas podem ser incorporadas a ela, conforme a técnica de otimização utilizada (programação linear, programação não linear, programação inteira e mista, programação quadrática etc.).

---

3 BRONSON, R. *Pesquisa operacional*. Rio de Janeiro: McGraw-Hill, 1985.
4 BRONSON, 1985, p. 3.

▶ DESTAQUES DO CAPÍTULO

Este capítulo procurou abordar os principais conceitos e características presentes nos modelos de otimização empregados na pesquisa operacional, a fim de proporcionar ao leitor o entendimento dos propósitos e da estrutura lógica e matemática desses modelos.

Foi visto que um modelo de otimização é um esquema logicamente organizado e matematicamente estruturado para a determinação de uma solução de caráter único e ótimo em determinado problema.

Também foi explicado que um modelo de otimização é composto de um objetivo (que pode ser de *maximização ou de minimização*) e de um conjunto de restrições (de *limite superior ou limite inferior*) que se relacionam por meio das variáveis (incógnitas que podem assumir uma diversidade de valores) e constantes (valores fixos) do problema.

O esquema lógico de um modelo de otimização chama-se *algoritmo*. Um algoritmo fornece a sequência coerente e ordenada de passos para a resolução do problema.

Além disso, foi demonstrado que, sob uma perspectiva matemática, os modelos de otimização são classificados como modelos de programação matemática. Sua forma geral foi enunciada.

▶ ATIVIDADES NA INTERNET

Acesse a rede mundial de computadores (www) e faça uma busca sobre o tema "modelos de otimização matemática" ou "modelos de otimização da pesquisa operacional". Como foi visto no Capítulo 1, não esqueça que, em pesquisas realizadas no idioma inglês, a expressão "pesquisa operacional" aparece como "operations research".

A pesquisa realizada deve servir de base para você responder às seguintes questões:

1. Em que áreas da ciência, além da Engenharia, da Administração e da Economia, os modelos de otimização da pesquisa operacional são empregados? Exemplifique esse uso.

2. Ao investigar sobre modelos de otimização, qual é a técnica da pesquisa operacional mais relacionada a esse tipo de modelo de programação matemática?

3. Existem empresas com sites na web que desenvolvem trabalhos de consultoria em pesquisa operacional, mais especificamente em otimização de problemas. Para que tipo de organizações essas empresas oferecem seus serviços? Esses serviços são baseados na utilização de algum *software* específico?

▶ EXERCÍCIOS DE REVISÃO

1. O uso da expressão "otimizar algo" pode ser entendido como:
   a) Conseguir obter o maior valor de alguma coisa.
   b) Reduzir algo a seu menor valor possível.
   c) Maximizar ou minimizar o valor de algo.
   d) Alcançar o melhor valor possível para alguma coisa.
   e) Todas as alternativas estão corretas.

Capítulo 3 ▶ Modelos matemáticos de otimização

2. Entre suas características principais, pode-se destacar que um modelo de otimização:
   a) Admite infinitas soluções para um determinado problema.
   b) Fornece um rol de alternativas para o problema.
   c) Não necessita de uma sequência de passos para resolução, desde que encontre uma resposta para o problema.
   d) Admite uma única solução, que deve ser a melhor possível para o problema.
   e) Nenhuma das alternativas anteriores.

3. Um modelo de otimização é composto dos seguintes elementos:
   a) n variáveis, n constantes, uma função-objetivo e n restrições.
   b) n variáveis, uma constante, uma função-objetivo e n restrições.
   c) uma variável, uma constante, n funções-objetivo e n restrições.
   d) n variáveis, n constantes, uma função-objetivo e uma restrição.
   e) n variáveis, n constantes, n funções-objetivo e uma restrição.

4. Escreva **V** (verdadeiro) ou **F** (falso).
   ( ) Quanto a seus objetivos, um modelo de otimização pode ser classificado como de maximização.
   ( ) Quanto a seus objetivos, um modelo de otimização pode ser classificado como de minimização.
   ( ) Quanto a seus objetivos, um modelo de otimização pode ser classificado como de limite superior.
   ( ) Quanto a seus objetivos, um modelo de otimização pode ser classificado como de limite inferior.
   ( ) Quanto a seus objetivos, um modelo de otimização pode ser classificado como de limite infinito.

5. No que diz respeito às variáveis de um modelo de otimização, é correto afirmar que:
   a) A variável é uma incógnita que pode assumir apenas valores predeterminados.
   b) A variável é uma constante e, como tal, possui valor fixo no modelo.
   c) A variável é uma incógnita que pode assumir uma diversidade de valores.
   d) As variáveis são responsáveis pela inércia do modelo.
   e) Todas as alternativas estão incorretas.

6. Sobre o valor de uma variável, é correto afirmar que:
   a) Um valor positivo indica a existência daquele evento em uma relação desproporcional ao número de unidades que a variável representa.
   b) Um valor nulo indica que aquela variável se altera nas condições específicas em que está sendo submetida ou testada.
   c) Um valor negativo indica a existência daquele evento em uma relação proporcional ao número de unidades que a variável representa.
   d) Um valor negativo de uma variável, embora matematicamente aceitável, pode ser logicamente incoerente.
   e) Todas as alternativas estão corretas.

7. Nos modelos de otimização, as constantes são termos que:

a) São sensíveis às variáveis do problema, pois sofrem alterações em seus coeficientes.

b) Não se alteram nas restrições, mas são passíveis de mudanças na função-objetivo.

c) Não são sensíveis às variáveis do problema, não sofrendo alterações em seus coeficientes.

d) Podem substituir as variáveis do modelo, o que facilita a resolução do problema.

e) Todas as alternativas estão incorretas.

8. Um algoritmo de um modelo de otimização é:

a) Uma estrutura matemática de resolução do modelo, que fornece a resposta final do problema.

b) Uma estrutura lógica sofisticada, de alto grau de dificuldade para pessoas que não estejam diretamente envolvidas em sua elaboração.

c) Uma sequência lógica de operações a serem executadas com os componentes do modelo, visando obter a solução do problema.

d) Um programa computacional para resolver problemas de otimização.

e) Nenhuma das alternativas está correta.

9. Quanto à estrutura algébrica de um modelo de otimização, pode-se dizer que:

a) É um modelo de programação matemática em que o objetivo e as restrições são expressos em sua totalidade como funções matemáticas.

b) É um modelo de programação matemática em que o objetivo e as restrições são expressos como funções matemáticas e relações funcionais.

c) É um modelo de programação matemática em que o objetivo e as restrições são expressos em sua totalidade como relações funcionais.

d) É um modelo de programação computacional em que o objetivo e as restrições são expressos em forma de um algoritmo.

e) Todas as alternativas estão incorretas.

▶ ESTUDO DE CASO

A empresa Móveis Finos Mantiqueira S.A. fabrica mesas, cadeiras, armários, bancadas e toda a variedade de mobiliário para escritório. Em seu catálogo constam mais de 20 modelos de produtos. A venda é realizada sob encomenda, sendo que a empresa recebe pedidos de todas as regiões do país.

Devido ao aumento expressivo do número de pedidos, a Móveis Finos Mantiqueira está tendo dificuldades de atender as solicitações dentro do prazo, sem que seja contratada mão de obra terceirizada.

Para evitar a utilização de recursos humanos de fora da empresa e o consequente aumento dos custos, o diretor da empresa solicitou ao gerente de produção que realizasse um estudo apontando quais são os três produtos mais rentáveis do catálogo e que estabelecesse uma programação diária para a fabricação em escala desses três produtos.

Capítulo 3 ▶ Modelos matemáticos de otimização

A ideia é promover uma estratégia de vendas (propaganda) dos produtos identificados pela gerência de produção e criar uma espécie de economia de escala. Para esses produtos, o prazo de entrega a partir do pedido seria de 7 dias. Para os demais produtos, o prazo seria de 30 dias, o que evitaria a necessidade de contratação de mão de obra excedente.

A avaliação do gerente de produção permitiu verificar que os produtos *cadeira com encosto estofado*, *mesa para computador* e *armário duas portas* são os mais lucrativos do catálogo, com respectivamente R$ 56, R$ 78 e R$ 81 unidades monetárias de lucro por peça.

O tempo de fabricação é de 30 minutos para a *cadeira com encosto estofado*, 30 minutos para a *mesa para computador* e 60 minutos para o *armário duas portas*. O tempo diário disponível de mão de obra na empresa é de 480 minutos.

Uma unidade de *cadeira com encosto estofado* utiliza 0,5 m^2 de matéria-prima, uma unidade de *mesa para computador* utiliza 1,0 m^2 de matéria-prima e uma unidade de *armário duas portas* usa 2,5 m^2 de matéria-prima. A empresa pode colocar à disposição da produção 180 m^2 de matéria-prima por dia.

Agora a tarefa do gerente de produção é apresentar ao diretor da empresa as quantidades de cada um dos três produtos que poderão ser fabricadas por dia e o lucro diário total da empresa com a manufatura desses produtos.

Questões

1. Forme um grupo com dois colegas.
2. O grupo deverá explicitar qual é o objetivo do problema.
3. Depois, deverá discutir quais são as variáveis do problema.
4. Identificadas as variáveis, o grupo deverá identificar as constantes do problema.
5. O grupo deverá descrever quais são as restrições para o problema.
6. Compare as respostas obtidas para as questões 2 a 5 com as obtidas pelos outros grupos.

▶ REFERÊNCIAS

BRONSON, R. *Pesquisa operacional*. Rio de Janeiro: McGraw-Hill, 1985.

HOUAISS, A. *Dicionário Houaiss da Língua Portuguesa*. Rio de Janeiro: Objetiva, 2009.

LAUDON, K.; LAUDON, J. *Sistemas de informações gerenciais*. Rio de Janeiro: Pearson, 2004.

Modelos de programação linear

4

O Capítulo 3 conceituou um modelo de otimização e descreveu suas características básicas, além de discorrer sobre os elementos que o compõem (objetivo, variáveis, função-objetivo, restrições e constantes) e seus esquemas lógico (algoritmo) e algébrico (forma geral).

Nele foi visto também que é a partir da formal geral de programação matemática que as técnicas de otimização da pesquisa operacional, como a programação linear, a programação não linear, a programação inteira e mista, a programação quadrática etc., formulam suas estruturas algébricas.

Entre as técnicas citadas, a programação linear é a mais empregada para a resolução de problemas da pesquisa operacional e, por esse motivo, também faz parte da maioria das ementas de disciplinas de pesquisa operacional dos cursos de graduação e pós-graduação em Administração, Engenharia, Economia e Contabilidade.

Essa predileção pela programação linear pode ser explicada por no mínimo dois fatores, um em *nível teórico* e outro em *nível prático*.

Em nível teórico, ou seja, com base nos pressupostos científicos que orientam uma disciplina, a ***programação linear*** é a técnica cuja estrutura algébrica é a que mais se aproxima da forma geral matemática que os modelos de otimização preconizam. Poucas adaptações são necessárias para sua aplicação.

Já no nível prático, a característica de linearidade é um aspecto aliado do usuário dos modelos de programação linear – isso porque a maioria das pessoas tem o hábito de pensar seus problemas linearmente.

Programação linear
É a técnica cuja estrutura algébrica é a que mais se aproxima da forma geral matemática que os modelos de otimização preconizam.

Quando nos deparamos com situações problemáticas, costumamos classificar o comportamento das variáveis e das restrições de forma linear em detrimento de outras possibilidades matemáticas mais sofisticadas (não lineares: inversa, quadrática ou logarítmica, por exemplo).

É dentro dessa perspectiva, na qual a programação linear assume o papel de um *standard* (padrão) das técnicas de otimização, que, neste e nos próximos capítulos, vamos nos deter no estudo da técnica de otimização da programação linear, vislumbrando explorar a estrutura de seus modelos, as formas de resolução (gráfica e algébrica), os artifícios (dualidade) e as possibilidades de análise matemática (interpretação do primal e do dual).

Neste capítulo será demonstrado o significado do termo *linearidade* e detalhada a estrutura algébrica de um modelo de PL. Também serão apresentados aqui os esquemas de algoritmo para os tipos de problema mais usuais de aplicação da PL: o problema do *mix* de produção, da análise das atividades, da dieta, do transporte, da mistura, da designação e da alocação de equipes de trabalho. Por fim, serão delineadas as principais hipóteses que devem ser observadas pelos modelos de programação linear.

4.1 SIGNIFICADO DE LINEARIDADE

O primeiro passo para trabalhar com modelos de programação linear é a compreensão do significado do termo *linearidade* no contexto de otimização da pesquisa operacional.

A *linearidade* pode ser entendida como um caso especial da relação $Y = f(X)$, onde o valor de Y é função (dependente) do valor de X. Tal relação será considerada *linear* se para todos os valores possíveis de X e Y uma dada variação no valor de X representa uma variação constante no valor de Y.

Considere o seguinte exemplo, em que se têm a variável independente X, a variável dependente Y e a variação em X e Y de uma dada função:

Figura 4.1 Valores de uma função linear

X	Variação em X	Y	Variação em Y
−2		−4	
−1	+1	−1	+3
0	+1	2	+3
1	+1	5	+3
2	+1	8	+3

Analisando a Figura 4.1, podemos facilmente identificar a relação matemática entre X e Y:

$2 + 3(-2) = -4$

$2 + 3(-1) = -1$

$2 + 3(0) = 2$

$2 + 3(1) = 5$

$2 + 3(2) = 8$

Essas relações podem ser representadas de forma mais bem aprimorada pela função: $Y = 2 + 3X$

Temos, então, uma equação linear do tipo $f(X) = a + b(X)$, que é usualmente escrita no formato $Y = a + bX$, onde Y é a variável dependente, X é a variável independente, a é uma constante numérica denominada *intersecção*, e b é uma constante numérica chamada *coeficiente angular*.

Assim, existe linearidade quando, dadas duas variáveis X e Y, uma variação na variável independente X retorna uma alteração numérica constante na variável dependente Y.

4.2 ESTRUTURA ALGÉBRICA DE UM MODELO DE PROGRAMAÇÃO LINEAR

Um modelo de programação linear é um problema de programação matemática e segue a forma geral apresentada na Seção 3.7 do Capítulo 3 deste livro.

Tomando por base a forma geral, um modelo será considerado linear se $f(x_1, x_2, ..., x_n)$ e cada uma das $gi(x_1, x_2, ..., x_n)(i = 1, 2, ..., m)$ for uma função linear dos respectivos argumentos:[1]

$$f\left(x_1, x_2, ..., x_n\right) = c_1 x_1 + c_2 x_2 + ... + c_n x_n$$

e

$$g_i\left(x_1, x_2, ..., x_n\right) = a_{i1} x_1 + a_{i2} x_2 + ... + a_{in} x_n$$

onde c_j e a_{ij} $(i = 1, 2, ..., m;$ e $j = 1, 2, ..., n)$ são constantes conhecidas.

Qualquer outro tipo de problema de programação matemática que não se enquadre nesta forma é considerado *não linear*.

---

1 BRONSON, R. *Pesquisa operacional*. Rio de Janeiro: McGraw-Hill, 1985.

4.3 EXEMPLOS DE ESTRUTURAS DE MODELAGEM ALGÉBRICA DE PROGRAMAÇÃO LINEAR

Existe uma variedade de possibilidades de aplicação da programação linear em nossos problemas da vida real.

Nesta seção serão demonstrados os algoritmos (função-objetivo e restrições) e as respectivas estruturas algébricas (equações e inequações lineares) para os modelos de programação linear mais empregados no cotidiano empresarial.

4.3.1 Problema da análise de atividades ou do *mix* de produção

O problema da análise de atividades, também chamado de *problema do mix (composto) de produção*, consiste em determinar o objetivo ótimo (o maior lucro possível, a maior receita de venda) que se pode alcançar com a produção de *n* unidades de determinado bem ou serviço, em situações nas quais os recursos disponíveis (quantidade de dinheiro, mão de obra, matérias-primas, máquinas de produção, instalações, demanda no mercado etc.) são limitados ou escassos.

Matematicamente, esse problema consiste em determinar x_1, x_2, ..., x_n que maximize a função linear (função-objetivo) do tipo:

$$\text{maximizar } Z = c_1 x_1 + c_2 x_2 + \ldots + c_n x_n$$

onde:

c_j = lucro ou receita unitária por atividade realizadas ou produto fabricado;

x_j = quantidade de atividades *j* realizadas ou quantidade de produtos fabricados *j*;

n = conjunto das atividades *j* a serem realizadas ou produtos a serem fabricados; e

$j = 1, 2, \ldots, n$.

Sendo que x_1, x_2, ..., x_n tem que satisfazer um sistema de inequações lineares (restrições) do tipo:

$$a_{11}x_1 + a_{12}x_2 + \ldots + a_{1n}x_n \leq b_1$$
$$a_{21}x_1 + a_{22}x_2 + \ldots + a_{2n}x_n \leq b_2$$
$$\ldots \quad \ldots \quad \ldots \quad \ldots \quad \ldots \quad \ldots \quad \ldots \quad \ldots$$
$$a_{m1}x_1 + a_{m2}x_2 + \ldots + a_{mn}x_n \leq b_m$$

com

$$x_1 \geq 0; x_2 \geq 0; \ldots; x_n \geq 0$$

onde:

a_{ij} = quantidade do recurso i consumida na produção de uma unidade do produto j;
b_i = quantidade do recurso i disponível para realizar as n atividades ou fabricar os n produtos;
m = conjunto dos recursos j disponíveis para a realização das atividades ou fabricação dos produtos; e
$i = 1, 2, ..., m$.

Esse modelo pode, ainda, ser representado de modo mais sintetizado por meio da seguinte expressão:

$$\max Z = \sum_{j=1}^{n} c_j x_j$$

sujeito às restrições:

$$\sum_{j=1}^{n} a_{ij} x_j \le b_i \ (i = 1, 2, ..., m)$$

com

$$x_j \ge 0 \ (j = 1, 2, ..., n)$$

4.3.2 Problema do transporte

O problema do transporte é muito utilizado em Logística. Consiste em minimizar o custo total do transporte necessário para abastecer n diferentes destinos a partir de m diferentes fornecedores, como mostra a Figura 4.2.

Figura 4.2 O modelo de transportes

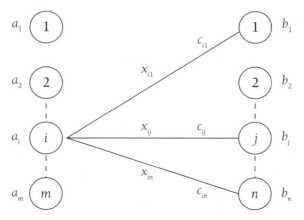

A função-objetivo de um modelo de transporte é dada por:

$$\min Z = \sum_{i=1}^{m}\sum_{j=1}^{n} c_{ij}\, x_{ij}$$

onde:

c_{ij} = custo unitário de transporte da origem i para o destino j;

x_{ij} = quantidade a ser transportada da origem i para o destino j;

m = conjunto de origens i possíveis;

i = 1, 2, ..., m;

n = conjunto de destinos j possíveis; e

j = 1, 2, ..., n.

Devem ser observadas as seguintes restrições:

- **Restrição de oferta**: uma equação para cada origem, indicando que a quantidade que sai da origem i tem que ser igual à quantidade a_i disponível na referida origem:

$$\sum_{j=1}^{n} x_{ij} = a_i \left(i = 1, 2, \ldots, m \right)$$

- **Restrição de demanda**: uma equação para cada destino, indicando que a quantidade que chega a cada destino j tem de ser igual à quantidade b_j demandada pelo referido destino.

$$\sum_{i=1}^{m} x_{ij} = b_j \left(j = 1, 2, \ldots, n \right)$$

com

$$x_{ij} \geq 0 \left(i = 1, 2, \ldots, m \right)\left(j = 1, 2, \ldots, n \right)$$

4.3.3 Problema da dieta

O problema da dieta é um modelo de programação linear que tem por objetivo minimizar custos na composição dos nutrientes de determinada fórmula alimentar humana. É muito utilizado em indústrias, restaurantes e fornecedores de refeições, para que a comida disponibilizada seja de qualidade, atenda às normas dos órgãos reguladores de saúde e vigilância sanitária e, ao mesmo tempo, tenha o menor custo possível.[2]

Consiste em encontrar os valores de x_1, x_2, ..., x_n que permitam minimizar a função-objetivo do tipo:

$$\text{minimizar } Z = c_1 x_1 + c_2 x_2 + \ldots + c_n x_n$$

onde:

c_j = custo unitário do ingrediente j;

x_j = quantidade do ingrediente j na dieta;

$j = 1, 2, \ldots, n$; e

n = conjunto de ingredientes j da dieta.

Tendo as seguintes restrições:

$$a_{11} x_1 + a_{12} x_2 + \ldots + a_{1n} x_n \geq b_1$$
$$a_{21} x_1 + a_{22} x_2 + \ldots + a_{2n} x_n \geq b_2$$
$$\ldots \ldots \ldots \ldots \ldots \ldots \ldots \ldots$$
$$a_{m1} x_1 + a_{m2} x_2 + \ldots + a_{mn} x_n \geq b_m$$

onde:

a_{ij} = quantidade de nutriente i fornecida por uma unidade do ingrediente j;

b_i = quantidade mínima do nutriente i que deve ser obtida dos n ingredientes;

m = conjunto dos nutrientes i disponíveis; e

$i = 1, 2, \ldots, m$.

com

$$x_1 \geq 0; x_2 \geq 0; \ldots; x_n \geq 0$$

Pode-se também representar o problema da dieta resumidamente, de acordo com o seguinte esquema:

$$\min Z = \sum_{j=1}^{n} c_j x_j$$

---

2 WAGNER, H. *Pesquisa operacional*. Rio de Janeiro: Prentice-Hall, 1986.

sujeito a:

$$\sum_{j=1}^{n} a_{ij} x_j \geq bi \left(i = 1, 2, \ldots, m \right)$$

com

$$xj \geq 0 \left(j = 1, 2, \ldots, n \right)$$

4.3.4 Problema da designação

O problema da designação é um modelo de programação linear que pode ser considerado um caso particular do problema dos transportes, porque indica que origem i foi designada para abastecer determinado destino j.

Matematicamente, essa condição pode ser expressa como:

$$m = n$$

$a_i = 1$ para $i = 1, 2, \ldots, m$;

$b_j = 1$ para $j = 1, 2, \ldots, n$.

A função-objetivo é dada por:

$$\min Z = \sum_{i=1}^{n} \sum_{j=1}^{n} c_{ij} \, x_{ij}$$

sujeito a:

$$\sum_{j=1}^{n} x_{ij} = 1 \left(i = 1, 2, \ldots, m \right)$$

$$\sum_{j=1}^{n} x_{ij} = 1 \left(i = 1, 2, \ldots, m \right)$$

onde:

$x_{ij} = 1$ se a origem i for designada para o destino j; e

$x_{ij} = 0$ caso a origem i não seja designada para o destino j.

com

$$x_{ij} \geq 0 \left(i = 1, 2, \ldots, n\right)\left(j = 1, 2, \ldots, n\right)$$

4.3.5 Problema da mistura

O problema da mistura possui uma estrutura algébrica muito próxima do esquema do problema da dieta. Consiste na minimização do custo total da formulação de determinada quantidade de mistura composta de um conjunto de materiais. A diferença está presente nas restrições, pois cada material é formado por insumos em percentuais diversos, e uma mistura, geralmente, é o resultado dos percentuais mínimos e máximos de cada um desses insumos.

A função-objetivo do problema da mistura pode ser descrito como:

$$\text{minimizar } Z = c_1 x_1 + c_2 x_2 + \ldots + c_n x_n$$

onde:

c_j = custo unitário do material j;

x_j = quantidade do material j na mistura;

$j = 1, 2, \ldots, n$; e

n = conjunto de materiais j da mistura;

Com as seguintes restrições:

- **Restrição de limites mínimos**: contempla os percentuais mínimos de insumos em um dado material componente da mistura.

$$a_{11}x_1 + a_{12}x_2 + \ldots + a_{1n}x_n \geq b_1$$
$$a_{21}x_1 + a_{22}x_2 + \ldots + a_{2n}x_n \geq b_2$$
$$\ldots \quad \ldots \quad \ldots \quad \ldots \quad \ldots \quad \ldots \quad \ldots \quad \ldots \quad \ldots$$
$$a_{m1}x_1 + a_{m2}x_2 + \ldots + a_{mn}x_n \geq b_m$$

onde:

a_{ij} = quantidade de insumo i fornecida por uma unidade do material j;

b_i = quantidade mínima de insumo i que deve ser obtida dos n materiais;

m = conjunto dos insumos i disponíveis; e

$i = 1, 2, \ldots, m$.

- **Restrição de limites máximos**: contempla os percentuais máximos de insumos admitidos em um dado material componente da mistura.

$$a_{11}x_1 + a_{12}x_2 + \ldots + a_{1n}x_n \leq b_1$$
$$a_{21}x_1 + a_{22}x_2 + \ldots + a_{2n}x_n \leq b_2$$
$$\ldots \quad \ldots \quad \ldots \quad \ldots \quad \ldots \quad \ldots \quad \ldots \quad \ldots$$
$$a_{m1}x_1 + a_{m2}x_2 + \ldots + a_{mn}x_n \leq b_m$$

onde:

a_{ij} = quantidade de insumo i fornecida por uma unidade do material j;

b_i = quantidade máxima do insumo i que deve ser obtida dos n materiais;

m = conjunto dos insumos i disponíveis; e

$i = 1, 2, \ldots, m$.

- **Restrição de unidade de mistura**: problemas de mistura usualmente possuem uma referência de unidade por quilo, por litro, por tonelada, por batelada etc. Ou seja, o somatório dos materiais empregados na mistura deve ser igual a 100% (ou, simplesmente, 1).

$$\sum_{j=1}^{n} x_j = 1$$

com

$$x_1 \geq 0; x_2 \geq 0; \ldots; x_n \geq 0$$

4.3.6 Problema da alocação de equipes de trabalho

O problema da alocação de equipes de trabalho quando há sobreposição de turnos também se resolve pelo método da programação linear. Consiste em organizar a distribuição de equipes de funcionários nos diversos horários de escala de uma empresa, de uma indústria, de uma escola, das caixas de um supermercado etc.

O objetivo principal é a otimização (nesse caso, a minimização) do número de pessoas trabalhando em cada um dos turnos, respeitando as restrições de número mínimo de indivíduos por turno.

O desafio do problema está em conseguir conciliar a jornada de trabalho das equipes com os turnos sobrepostos. Isso significa, por exemplo, que, embora a

Capítulo 4 ▶ Modelos de programação linear

jornada dos funcionários de uma indústria seja de 8 horas, os turnos de produção são de 4 horas.

A estrutura lógica do problema da alocação de recursos de mão de obra com sobreposição de turnos de trabalho pode ser representada por meio de uma matriz, conforme exposto na Figura 4.3:

Figura 4.3 O problema da alocação de equipes de trabalho

Turnos	i	i_{+1}	i_{+2}	i_{+3}	i_{+4}	i_{+5}
	x_i	x_i				
		x_{i+1}	x_{i+1}			
			x_{i+2}	x_{i+2}		
				x_{i+3}	...	$x_{i+(n-1)}$
	x_{i+n}				...	x_{i+n}
			$\geq$			
Equipes	r_i	r_{i+1}	r_{i+2}	r_{i+3}	...	r_{i+n}

Matematicamente, esse problema consiste em determinar $x_1, x_2, ..., x_n$ que minimize a função-objetivo do tipo:

$$\min Z = \sum_{i=1}^{n} x_i$$

onde:

x_i = equipe alocada para trabalhar no turno i e $i + 1$ (como há sobreposição, a equipe inicia seu trabalho em um turno e finaliza a jornada em outro);

n = número de turnos; e

$$i = 1, 2, ..., n.$$

sujeito às restrições do número mínimo de pessoas por turno:

$$x_i + x_{i+1} \geq r_i$$

onde:

r_i = equipe necessária no turno i;

com

$$x_i \geq 0$$

69

4.4 HIPÓTESES DA PROGRAMAÇÃO LINEAR

A programação linear e seus modelos estão sujeitos a algumas condições (hipóteses) que devem ser satisfeitas para que se possam alcançar os resultados almejados com seu emprego: a hipótese da proporcionalidade, a da aditividade, a da divisibilidade e a da certeza.[3]

- **Hipótese da proporcionalidade**: em modelos de programação linear, presume-se que a contribuição de cada atividade ao valor de Z é proporcional ao nível de atividade x_j, representado por $c_j x_j$ na função-objetivo. Da mesma forma, a contribuição de cada atividade do lado esquerdo de cada restrição de recurso é proporcional ao nível de atividade x_j, representado pelo termo $a_{ij} x_j$ na restrição.

- **Hipótese da aditividade**: a condição de aditividade, existente na totalidade dos modelos de programação linear, consiste em considerar as atividades do modelo entidades absolutamente independentes, não permitindo que haja interdependência entre elas.

- **Hipótese da divisibilidade**: as variáveis de decisão de um modelo de programação linear podem assumir quaisquer valores, até mesmo valores não inteiros (fracionários), que atendam às restrições de recursos e de não negatividade.

- **Hipótese da certeza**: essa hipótese presume que o valor atribuído a cada parâmetro de um modelo de programação linear é assumido como uma constante conhecida. São parâmetros os coeficientes c_j na função-objetivo, os coeficientes a_{ij} nas restrições de recursos, e os coeficientes b_i no lado direito das restrições de recursos.

▶ DESTAQUES DO CAPÍTULO

Este capítulo enfatizou os modelos de programação linear, demonstrou o significado do termo *linearidade* e detalhou a estrutura algébrica de um modelo de programação linear (PL).

Também apresentou os esquemas de algoritmo para os tipos de problemas mais usuais de aplicação da PL, como o problema do *mix* de produção, da análise das atividades, da dieta, do transporte, da mistura, da designação e da alocação de equipes de trabalho em situações de sobreposição de turnos.

Igualmente, foram objetivo de nosso estudo as condições gerais (hipóteses) de

---

3 HILLIER, F.; LIEBERMAN, G. *Introdução à pesquisa operacional*. São Paulo: Campus, 1988; HILLIER, F.; LIEBERMAN, G. *Introdução à pesquisa operacional*. São Paulo: McGraw-Hill, 2006.

proporcionalidade, aditividade, divisibilidade e certeza dos modelos de programação linear.

Deve-se frisar que as estruturas algébricas descritas neste capítulo serão de grande utilidade ao iniciante na disciplina de Pesquisa Operacional em muitos dos problemas com que ele vai se deparar em suas atividades profissionais. Entretanto, é importante lembrar que existem diversos algoritmos de programação para as mais variadas aplicações.

Ao avançar em seus estudos, o leitor poderá consultar obras que tratam especificamente de algoritmos da programação linear para problemas de segmentos específicos que sejam de seu interesse, como, por exemplo, a agroindústria e a pecuária,[4] ou os transportes.[5]

Além disso, a experiência e a prática trarão ao praticante a capacidade de estruturar lógica e matematicamente problemas em programação linear com maior autonomia, bem como de criar seus próprios algoritmos.

Por fim, a esse processo, em que inicialmente se abstraem do cenário do problema as variáveis, as constantes e as restrições para, em um segundo momento, estabelecer as relações lógicas e a estrutura matemática, damos o nome de *modelagem em programação linear*.

A sequência de passos para modelar um problema de programação linear

1. Identificar as variáveis do problema x_1, x_2, ..., x_n.
2. Identificar as constantes do problema c_1, c_2, ..., c_n.
3. Identificar os valores dos fatores limitantes do problema b_i.
4. Determinar a função-objetivo (equação linear que relaciona x_n com c_n).
5. Estabelecer restrições (inequações e equações lineares que relacionam x_n com b_i).
6. Não esqueça que as variáveis têm que ser *não negativas*: $x_n \geq 0$.

▶ ATIVIDADES NA INTERNET

Faça uma pesquisa em sites de busca sobre artigos científicos que tratem da resolução de problemas por meio da programação linear. Leia pelo menos dois artigos e, para cada um deles, identifique:

1. Para que tipo de problema os autores do artigo utilizaram a programação linear;
2. Quais são as variáveis do problema e constantes do modelo proposto no artigo; e
3. Qual é o algoritmo empregado para a resolução do problema.

---

4 CAIXETA-FILHO, J. V. *Pesquisa operacional*: técnicas de otimização aplicadas a sistemas agroindustriais. São Paulo: Atlas, 2004; LONGARAY, A.; DAMAS, T. Proposta de utilização de um algoritmo de programação inteira para a otimização da produção de novilhos jovens em uma propriedade rural do Rio Grande do Sul. In: *XXXII Encontro Nacional de Engenharia de Produção – ENEGEP*, 2012, Bento Gonçalves, RS. Anais... São Paulo: ABEPRO, 2012. CD-ROM.

5 CAIXETA-FILHO, J. V.; GAMEIRO, A. *Sistemas de Gerenciamento de Transportes*. São Paulo: Atlas, 2001.

Você deverá organizar uma apresentação em formato PPT (PowerPoint ou equivalente), da qual deverão constar as referências bibliográficas do artigo escolhido e a resposta aos três itens solicitados.

O professor sorteará cinco colegas para apresentar seus trabalhos. As demais apresentações, que não forem sorteadas, deverão ser disponibilizadas em lista de e-mail para que todos os colegas tenham acesso ao conteúdo.

Sugestões de sites de pesquisa:
http://www.scielo.org
http://www.periodicos.capes.gov.br
http://www.podesenvolvimento.org.br
http://www.producaoonline.org.br
http://scholar.google.com.br/

▶ EXERCÍCIOS DE REVISÃO

1. Uma pequena marcenaria produz dois tipos de móvel: mesas e cadeiras. O lucro unitário de uma mesa produzida é de R$ 34,00, e o lucro unitário de uma cadeira é de R$ 18,00. Uma mesa consome 12 minutos de mão de obra para ser produzida, enquanto uma cadeira consome 10 minutos. Cada mesa precisa de 3 unidades de madeira para ser construída, ao passo que, para a fabricação de uma cadeira, a marcenaria faz uso de 1 unidade de madeira. A marcenaria dispõe do total de 8 horas diárias de mão de obra e de 72 unidades de madeira para serem empregadas na fabricação das mesas e cadeiras.

Determine um esquema diário de produção da marcenaria que permita a ela a obtenção de lucro máximo.

2. Uma empresa do setor plástico, dentro de seu rol de produtos, pode fornecer dois tipos de anel de vedação para uso nas linhas de manufatura de pequenas indústrias situadas em sua região de atuação. O anel de vedação do tipo A1 possui 3,5 cm de diâmetro e gera um lucro unitário de R$ 7,00 para a empresa. O anel de vedação do tipo A2 tem 2,1 cm de diâmetro e gera lucro de R$ 5,00 por unidade vendida. Cada anel A1 consome 70 gramas de borracha sintética para sua produção, enquanto cada anel A2 consome 100 gramas de borracha sintética. Além disso, os anéis são manufaturados em uma mesma máquina, sendo que o anel A1 usa 12 minutos da máquina e o anel A2 usa 6 minutos. Devido a problemas de temperatura e relacionados à fragilidade da matéria-prima, o fornecedor pode disponibilizar no máximo 5 quilos da borracha sintética por dia. A máquina que produz os anéis A1 e A2 necessita de manutenção diária, tendo que ser totalmente desmontada para isso. Assim, não pode ser utilizada mais de 6 horas por dia na fabricação dos anéis.

Determine o programa diário ótimo de produção dos anéis A1 e A2, de forma a maximizar seu lucro total.

Capítulo 4 ▶ Modelos de programação linear

3. Um profissional individual do ramo da reciclagem pretende aumentar sua rentabilidade no negócio. Ele sabe que na usina de reciclagem lhe é pago, por quilo de latinha de refrigerante vazia (alumínio), o valor de R$ 3,00 e, por quilo da garrafa de resina plástica PET (polietileno tereftalato), o valor de R$ 5,00. Um quilo de latinhas de alumínio ocupa $0,1$ m^3 de espaço no veículo do reciclador (carroça), enquanto um quilo de garrafas PET ocupa $0,3$ m^3 nesse mesmo veículo. O espaço total do veículo destinado aos reciclados é de $2,4$ m^3. Deve-se levar em conta, ainda, que o veículo suporta uma carga máxima de 20 kg de produtos reciclados. O reciclador leva o dia todo para carregar o veículo e, no final da tarde, vai à usina vender sua mercadoria.

Determine o programa diário de carregamento do reciclador de forma a maximizar sua receita.

4. Uma fabriqueta de fundo de quintal que tem seu proprietário e os dois filhos como artesãos produz artefatos em couro para distribuição em lojas de instrumentos musicais da cidade e das redondezas. O artesão e seus filhos são capazes de produzir, por jornada de 8 horas de trabalho, 12 capas para violão, se fizerem somente esse tipo de capa, e 8 capas para guitarra, se fizerem somente esse tipo de capa. Cada capa de violão utiliza 4 unidades de couro, enquanto cada capa de guitarra consome 3 unidades de couro. A disponibilidade de couro por dia é de 30 unidades. O lucro unitário de cada capa de violão é de R$ 22,00, enquanto o de cada capa de guitarra é de R$ 28,00.

Determine um programa de produção diário do artesão que otimize sua produção, maximizando o lucro da pequena fábrica.

5. A empresa X-line, do ramo de prestação de serviços de limpeza, quer aumentar o número de clientes que possui. Após diversas reuniões, a gerência decidiu que uma boa estratégia seria o anúncio em jornais da região com grande tiragem diária. Ao entrar em contato com as sucursais das empresas jornalísticas, o gerente responsável pela campanha ficou sabendo que existiam duas possibilidades: o anúncio A, com formato 70 mm × 40 mm, impresso em um jornal de variedades e notícias, com publicação diária, é visto por 50.000 leitores/edição. O anúncio B, com formato de 30 mm × 20 mm, impresso em um jornal específico de negócios e serviços, com publicação diária, é visto por 30.000 leitores/edição. O anúncio A tem o custo unitário de R$ 2.500,00, e o anúncio B tem custo unitário de R$ 1.500,00. A X-line quer que pelo menos 400.000 pessoas leiam seus anúncios semanalmente. Sabe-se, ainda, que a X-line está disposta a custear no máximo 10 anúncios por semana.

Determine o plano ótimo em propaganda para a empresa X-line, que minimiza o custo do investimento em anúncios, atingindo o número de leitores esperados.

6. Uma indústria fabrica três produtos P_1, P_2 e P_3 a partir de três insumos, I_1, I_2 e I_3. Os lucros unitários pela venda de P_1, P_2 e P_3 são, respectivamente, R$ 30, R$ 20 e R$ 50. A utilização dos insumos para produção é:

Insumos	I_1	I_2	I_3
P_1	20	40	10
P_2	30	30	50
P_3	20	10	40
Disponibilidade	300	300	450

Determine o plano ótimo de produção da indústria.

73

Introdução à pesquisa operacional

7. A indústria alimentícia Tony Bull prepara almôndegas com uma mistura de carne bovina e carne suína. A carne bovina contém 70% de carne e 30% de gordura, e custa R$ 9,00 o quilo. A carne de porco contém 50% de carne e 50% de gordura, e custa R$ 5,00 o quilo. Que quantidades de carne bovina e de carne suína a empresa deve usar por quilo de almôndegas, se desejar minimizar seu custo e conservar o teor de gordura da almôndega não superior a 20%?[6]

8. Uma empresa transportadora possui 4 CD (centros de distribuição) com depósitos capazes de armazenar 200 m^3 (CD$_1$), 240 m^3 (CD$_2$), 300 m^3 (CD$_3$) e 200 m^3 (CD$_4$) de mercadorias. As mercadorias que abastecem os diferentes CD têm origem a partir de três portos, M$_1$, M$_2$ e M$_3$, localizados em regiões geográficas diversas. Elas estão armazenadas em contêineres de 20 m^3 e devem ser transportadas por modal rodoviário (um caminhão para cada contêiner) para os CD. As distâncias dos portos aos centros de distribuição (em km) são:

	CD$_1$	CD$_2$	CD$_3$	CD$_4$
M$_1$	16	36	12	32
M$_2$	44	24	12	21
M$_3$	20	10	8	16

Determine o algoritmo de programação linear que permita calcular o número de viagens de caminhão a serem feitas de cada porto para cada loja que minimize a distância total percorrida entre portos e centros de distribuição.[7]

9. Uma refinaria processa petróleo e seus derivados ininterruptamente. O esquema de trabalho diário funciona em turnos de 4 horas, atendidos por equipes. Como há diferença na quantidade e no tipo de atividade em cada turno, existe variação no número de funcionários que compõem as equipes nos diferentes turnos. Nesse sentido, a gerência fixou um número mínimo de funcionários que devem integrar a equipe de cada um dos turnos. A jornada diária de trabalho de cada operário é de 8 horas.

O quadro a seguir apresenta a relação entre turnos e o número mínimo de empregados fixado pela gerência:

Turno	Duração	N$^\circ$ Mín. de Empregados
A	0 a 4	7
B	4 a 8	6
C	8 a 12	14
D	12 a 16	9
E	16 a 20	12
F	20 a 24	8

Determine um algoritmo de programação linear que viabilize a alocação do menor número possível de funcionários por turno, atendendo às exigências da gerência e respeitando a jornada diária de trabalho.

---

6 Adaptado de BRONSON, 1985.
7 Adaptado de SILVA, E.; SILVA, E.; GONÇALVES, V.; MUROLO, A. *Pesquisa operacional*: programação linear. São Paulo: Atlas, 1998.

10. Wellington é o agrônomo responsável pela manutenção do gramado de um campo de futebol de uma importante equipe da série A do Campeonato Brasileiro. Para o composto de grama do campo de futebol, Wellington decidiu que o melhor fertilizante seria uma mistura com percentual 10-8-12 de NPK (nitrogênio – fósforo – potássio), sendo o restante composto por matéria inerte. Wellington pode comprar 100 quilos de um composto 10-8-12 de fertilizante por R$ 30,00, mas existem outros fertilizantes, a diferentes preços, no mercado. A composição química e os preços dos fertilizantes são mostrados a seguir.

Fertilizante	%Ni %Ph %Po	Custo/100 kg
A	10-8-12	30,00
B	8-10-14	24,10
C	11-6-11	21,00
D	10-13-13	18,40
E	14-10-7	17,80

Wellington gostaria de determinar se pode ou não comprar diversos fertilizantes e misturá-los para obter uma mistura 10-8-12, a um custo inferior a R$ 30,00 por pacote de 100 kg. Tendo em mente que pode ser praticamente inviável obter um composto 10-8-12 exato com os fertilizantes, Wellington está disposto a aceitar percentuais de produtos químicos com pelo menos as quantidades pretendidas, mas não acima de 0,5% delas.

Determine o algoritmo de programação linear para o problema da mistura do gramado de campo de futebol.[8]

▶ ESTUDO DE CASO

Uma empresa de distribuição de bebidas é responsável pelo abastecimento de produtos de determinada marca para todo o estado onde está localizada geograficamente.

Em seu *mix* de produtos constam: refrigerante (em lata de 350 ml, garrafa PET de 600 ml e garrafa PET de 2 litros), água mineral com e sem gás (garrafas PET de 500 ml, garrafas PET de 5 litros e bombonas de 20 litros), cerveja (lata de 350 ml, lata de 500 ml e garrafa de 600 ml) e chope em barris de 20 litros.

A empresa conta com quatro centros de distribuição (CD_1, CD_2, CD_3 e CD_4) responsáveis pelo escoamento das mercadorias para as diversas cidades do estado. Todos os CD armazenam e têm à disposição o *mix* completo de produtos da empresa (refrigerante, água, cerveja e chope).

A maioria dos clientes da empresa está localizada em pequenas cidades do interior, e seus pedidos de mercadorias têm frequência mensal ou quinzenal. Os valores desses pedidos, somados, representam aproximadamente 30% do faturamento mensal da companhia.

Entretanto, a empresa possui 12 clientes, com comércios de médio e grande porte, que efetuam pedidos na periodicidade de uma a duas vezes por semana e ▶▶

8 Adaptado de REID, R.; SANDERS, N. *Gestão de operações*. Rio de Janeiro: LTC, 2005.

representam 70% de seu faturamento. Para esses clientes, a empresa quer prestar um serviço de entrega diferenciado, visando à sua fidelização. A estratégia da distribuidora de bebidas está baseada na diminuição do prazo de entrega das mercadorias.

A ideia da gerência de logística é estabelecer um plano de transporte em que os caminhões com as mercadorias partam para cada um de seus destinos (L_1, L_2, L_3, L_4, L_5, L_6, L_7, L_8, L_9, L_{10}, L_{11} e L_{12}) saindo das origens (CD_1, CD_2, CD_3 e CD_4) mais próximas.

Como os caminhões possuem capacidade de carga de 15 m³, o gerente de logística da distribuidora de bebidas montou *packs* ("pacotes") de mercadorias, nos quais o *mix* de produtos faz uso do espaço total disponível.

Para convencer os clientes a comprar os pacotes em detrimento de fazer pedidos customizados, a empresa ofereceu descontos pela adesão. Os 12 clientes aceitaram a oferta.

Os pacotes oferecidos foram os seguintes:

Pacote A (15 m³)	Pacote B (15 m³)	Pacote C (15 m³)
80 *packs* de refrigerante lata	50 *packs* de refrigerante lata	60 *packs* de refrigerante lata
20 *packs* de refrigerante 2 L	20 *packs* de refrigerante 2 L	40 *packs* de refrigerante 2 L
50 *packs* de lata de cerveja	100 *packs* de lata de cerveja	30 *packs* de lata de cerveja
30 *packs* água mineral 600 ml	20 *packs* água mineral 600 ml	50 *packs* água mineral 600 ml

Os pedidos dos clientes para a próxima semana ficaram da seguinte forma:

Cliente	Nº Pacotes Escolhidos
L_1	1 pacote A e 2 pacotes B
L_2	4 pacotes A
L_3	3 pacotes C e 1 pacote B
L_4	5 pacotes A
L_5	4 pacotes B e 2 pacotes C
L_6	6 pacotes C
L_7	8 pacotes A e 1 pacote C
L_8	12 pacotes B
L_9	2 pacotes A e 3 pacotes B
L_{10}	1 pacote A e 6 pacotes B
L_{11}	10 pacotes B e 1 pacote C
L_{12}	3 pacotes B e 3 pacotes C

Capítulo 4 ▶ Modelos de programação linear

⏪ As distâncias entre os centros de distribuição e as lojas dos clientes são dadas pela tabela abaixo:

	L_1	L_2	L_3	L_4	L_5	L_6	L_7	L_8	L_9	L_{10}	L_{11}	L_{12}
CD_1	30	80	50	30	40	150	110	95	70	100	90	100
CD_2	60	40	90	120	55	80	130	120	60	75	80	45
CD_3	50	110	80	90	45	90	100	210	50	90	60	190
CD_4	20	75	60	70	100	120	140	150	40	140	50	135

(Distâncias em km.)

Questões

1. Identifique as variáveis e o objetivo do problema no cenário proposto.

2. Com base nas informações fornecidas, formule o problema como um modelo de programação linear que otimize a distância percorrida entre CD e lojas, de tal forma que o processo de entrega se torne mais ágil para o cliente e mais econômico para a distribuidora de bebidas.

▶ REFERÊNCIAS

BRONSON, R. *Pesquisa operacional*. Rio de Janeiro: McGraw-Hill, 1985.

CAIXETA-FILHO, J. V. *Pesquisa operacional*: técnicas de otimização aplicadas a sistemas agroindustriais. São Paulo: Atlas, 2004.

_____.; GAMEIRO, A. *Sistemas de gerenciamento de transportes*. São Paulo: Atlas, 2001.

HILLIER, F.; LIEBERMAN, G. *Introdução à pesquisa operacional*. São Paulo: Campus, 1988.

_____. *Introdução à pesquisa operacional*. São Paulo: McGraw-Hill, 2006.

LONGARAY, A.; DAMAS, T. Proposta de utilização de um algoritmo de programação inteira para a otimização da produção de novilhos jovens em uma propriedade rural do Rio Grande do Sul. In: *XXXII Encontro Nacional de Engenharia de Produção – ENEGEP*, 2012, Bento Gonçalves, RS. Anais... São Paulo: ABEPRO, 2012. CD-ROM.

REID, R.; SANDERS, N. *Gestão de operações*. Rio de Janeiro: LTC, 2005.

SILVA, E.; SILVA, E.; GONÇALVES, V.; MUROLO, A. *Pesquisa operacional*: programação linear. São Paulo: Atlas, 1998.

WAGNER, H. *Pesquisa operacional*. Rio de Janeiro: Prentice-Hall, 1986.

Resolução de modelos de programação linear: o método gráfico

5

Até este momento foram introduzidas ao leitor a lógica de construção dos algoritmos de programação linear (compostos de uma função-objetivo otimizadora e de um conjunto de restrições de recursos) e a forma de decodificação desses algoritmos em uma linguagem comum e acessível de interpretação unívoca e equalizada, nesse caso, proporcionada pela matemática, por meio das estruturas algébricas (equações e inequações lineares) apresentadas no Capítulo 4.

Partiremos agora para o momento mais ansiado por muitos dos estudantes que trabalham com os modelos de otimização pela primeira vez: determinar o valor da solução ótima para o problema modelado.

Existem duas possibilidades matemáticas para a resolução de problemas de programação linear: os algoritmos podem ser solucionados por meio do *método algébrico*, que será detalhado no Capítulo 6, ou, ainda, pelo *método gráfico*, que é objeto de apreciação deste capítulo.

Mais do que a obtenção da solução ótima, o método gráfico permite ao praticante da pesquisa operacional entender como se dá o relacionamento matemático entre as restrições e a ligação destas com a função-objetivo do modelo de programação linear.

Em um curso básico de pesquisa operacional voltado à área das ciências sociais aplicadas, como o nosso pretende ser, o estudo do método gráfico cumpre ainda um papel relevante: muitas vezes é a única oportunidade do estudante de ter contato com gráficos de forma aplicada, empregados em circunstâncias que simulam situações enfrentadas na vida real, tanto a pessoal quanto a organizacional.

Diante desse panorama, este capítulo descreve a definição intuitiva do método gráfico da programação linear. Além disso, delineia as fases do processo de resolução gráfica, composto pela construção do polígono de restrições e pela determinação do vértice da solução ótima. Por fim, aponta as limitações de emprego do método.

5.1 DEFINIÇÃO INTUITIVA DO MÉTODO GRÁFICO

O objetivo desta seção é fornecer ao estudante conhecimento sobre os fundamentos do método de resolução gráfica de modelos de programação linear a partir de requisitos – lógicos e matemáticos – considerados mínimos, mas, ainda assim, suficientes para a utilização consciente da referida técnica em situações nas quais seja uma opção para solucionar determinado problema.

O método gráfico tem seus alicerces matemáticos na chamada *teoria dos conjuntos convexos*.[1]

Para formularmos nossa definição intuitiva sobre a teoria dos conjuntos convexos, vamos descrever o significado de *convexidade*, esclarecer o que é um conjunto convexo, bem como enunciar o conceito de *ponto extremo de conjuntos convexos*.[2]

- **Convexidade**

    Considere um conjunto de vetores A_1, A_2, ..., A_n todos pertencentes a $\Re^m$.[3] onde:

$$A_j = \begin{bmatrix} a_1 \\ a_2 \\ \vdots \\ a_n \end{bmatrix} \text{ sendo } (j = 1, 2, \ldots n;); \text{ e}$$

$\Re^m$ = dimensão do espaço vetorial R formada por m coordenadas reais.

Sejam α_1, α_2, ..., α_n constantes reais que satisfaçam as relações:

$$\sum_{i=1}^{n} \alpha_i = 1$$

com

$$\alpha_i \geq 0 \ (i = 1, 2, \ldots, n)$$

Então, pode-se assumir que o vetor $b = \alpha_1 A_1 + \alpha_2 A_2 + \cdots + \alpha_n A_n$ é uma combinação convexa dos vetores A_1, A_2, ..., A_n.[4]

---

1 YOSHIDA, L. K. *Programação linear*. São Paulo: Atual, 1987.
2 WAGNER, H. *Pesquisa operacional*. Rio de Janeiro: Prentice-Hall, 1986.
3 PUCCINI, A. L. *Introdução à programação linear*. Rio de Janeiro: LTC, 1972.
4 PUCCINI, 1972.

Qualquer ponto contido em um segmento de reta que liga dois pontos situados em R^m pode ser denominado uma **combinação convexa** desses dois pontos. Logo, se tomarmos dois vetores A_1 e $A_2 \in \Re^m$, por exemplo, qualquer ponto que for expresso como uma combinação convexa dos mesmos estará contido no segmento de reta que une A_1 a A_2.[5]

Supondo um dado vetor A_3 como um ponto qualquer entre A_1 e A_2, ele pode ser representado por:

$$A_3 = \alpha A_1 + (1 - \alpha) A_2 \text{ para } 0 \leq \alpha \leq 1$$

- **Conjunto convexo**

De acordo com Puccini,[6] um dado conjunto $C \in \Re^m$ será convexo se, para todos os vetores A_j pertencentes a C, qualquer combinação convexa do tipo $b = \alpha_1 A_1 + \alpha_2 A_2 + \cdots + \alpha_n A_n$ também pertencer a C.

Um conjunto é dito **convexo** quando contém todos os segmentos que unem quaisquer dois pontos desse conjunto.

A fim de tornar esse conceito mais claro, a Figura 5.1 apresenta um exemplo de conjunto convexo e um exemplo de conjunto não convexo:

> **Combinação convexa**
> Qualquer ponto contido em um segmento de reta que liga dois pontos situados em R*m* pode ser denominado uma combinação convexa desses dois pontos.
>
> **Conjunto convexo**
> Um conjunto é dito convexo quando contém todos os segmentos que unem quaisquer dois pontos desse conjunto.

Figura 5.1 Conjunto convexo (1) e conjunto não convexo (2)

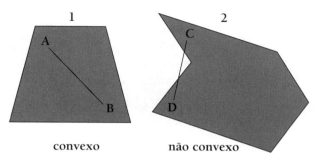

---

5 WAGNER, 1986.
6 PUCCINI, 1972.

Observando a Figura 5.1, podemos perceber que no conjunto 1, que é convexo, todos os pontos pertencentes ao segmento de reta AB também estão contidos nele. Já no conjunto 2, não convexo, parte do segmento de reta CD não está contida nele.

- **Ponto extremo de um conjunto convexo**

Tomando por base um conjunto convexo C, pode-se dizer que A ∈ C é um ponto extremo de C, se não for possível expressá-lo como uma combinação convexa de quaisquer outros dois pontos distintos pertencentes ao conjunto C.[7]

Quando determinado ponto estiver contido em um conjunto convexo, mas não puder ser expresso como uma combinação de outros pontos, ele será, então, um dos *vértices do polígono*.

O método gráfico se resolve, portanto, por meio da determinação do conjunto convexo e pela detecção do vértice ótimo desse conjunto, o qual representa o ponto que não pode ser expresso como uma combinação de outros dois pontos quaisquer que integrem o conjunto convexo.[8]

Vértice do polígono
Quando determinado ponto estiver contido em um conjunto convexo, mas não puder ser expresso como uma combinação de outros pontos, ele será, então, um dos vértices do polígono.

5.2 FASES DE RESOLUÇÃO DE MODELOS DE PROGRAMAÇÃO LINEAR POR MÉTODO GRÁFICO

São duas as fases para a resolução de modelos de programação linear por processo gráfico: a fase de elaboração do polígono de soluções viáveis e a de determinação da solução ótima.

---

7 PUCCINI, 1972
8 YOSHIDA, 1987.

Capítulo 5 ▶ Resolução de modelos de programação linear: o método gráfico

5.2.1 Elaboração do polígono de soluções (conjunto convexo)

O polígono de soluções de um modelo de programação linear é formado pelo conjunto de intersecções de todas as restrições de recursos do problema.[9] Matematicamente, esse polígono é um conjunto convexo, pois todas as retas que o formam são combinações convexas de dois pontos quaisquer.[10]

Isso quer dizer que qualquer ponto (vetor) localizado entre os limites do polígono respeita as condições de todas as restrições do modelo, tornando-se, assim, uma possível solução para aquele problema. Por esse motivo, ele também é usualmente denominado *polígono de regiões viáveis*.

Para a construção do polígono, deve-se, a partir da estrutura algébrica do modelo, traçar a reta de cada uma das restrições e determinar a região em que essa reta intercepta o plano. Assim, o conjunto de intersecções de todas as retas das restrições com o plano vai formar o polígono de soluções do modelo.

Dá-se, portanto, o nome de **polígono de soluções** ao conjunto de intersecções de todas as retas, que representam as restrições, com o plano geométrico.

Para que o leitor visualize melhor esse conceito, vamos apresentar um exemplo no qual será descrito o passo a passo do processo de construção do polígono de regiões viáveis de um modelo de programação linear.

Suponha a seguinte estrutura algébrica de um dado algoritmo de otimização:

função-objetivo:

$$\max Z = 15x_1 + 20x_2$$

> **Polígono de soluções**
> Dá-se o nome de polígono de soluções ao conjunto de intersecções de todas as retas, que representam as restrições, com o plano geométrico.

---

9 TAHA, H. *Operations research*: an introduction. New Jersey: Prentice-Hall, 1997.

10 BRONSON, R. *Pesquisa operacional*. São Paulo: McGraw-Hill do Brasil, 1985.

sujeito às restrições:

$$4x_1 + 8x_2 \leq 16$$
$$6x_1 + 4x_2 \leq 12$$

com

$$x_1 \geq 0; x_2 \geq 0$$

Como a ideia é a elaboração do polígono de regiões viáveis, formado apenas pelas restrições, deixaremos de lado, neste momento, a equação da função-objetivo do problema. Ela será objeto de análise na próxima fase do método gráfico da programação linear.

Vamos, então, traçar a reta de cada uma das restrições do modelo:

1ª restrição: $4x_1 + 8x_2 \leq 16$

Para traçar a equação da reta de $4x_1 + 8x_2 \leq 16$, deve-se determinar no plano cartesiano dois pontos nos eixos das abcissas e das ordenadas (ver Figura 5.2). A forma mais fácil de fazer isso é isolando as variáveis, "zerando" uma delas e determinando o valor da outra variável na equação.

em $4x_1 + 8x_2 \leq 16$

se $x_1 = 0$, então $\rightarrow 4(0) + 8x_2 \leq 16 \rightarrow x_2 = 2$

Ponto (0,2)

se $x_2 = 0$, então $\rightarrow 4x_1 + 8(0) = 16 \rightarrow x_1 = 4$

Ponto (4,0)

Figura 5.2 Equação da reta da restrição $4x_1 + 8x_2 \leq 16$

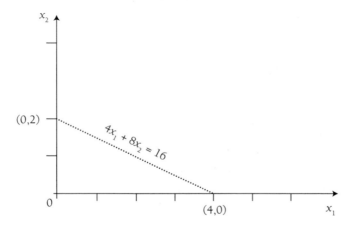

Agora é necessário determinar qual parte do plano cartesiano é interceptada pela restrição. Esse procedimento é chamado *teste da região viável* e é bastante simples. Basta atribuir o valor de um ponto qualquer (x_1, x_2) pertencente ao quadrante do plano à função que deve ser testada.

No caso de $4x_1 + 8x_2 \leq 16$, suponha testar o ponto (1,1):

Teste de região:

$$4(1) + 8(1) \leq 16$$
$$4 + 8 \leq 16$$
$$12 \leq 16$$

Esta condição é verdadeira!

Como o valor 12 é menor do que o valor 16, pode-se dizer que a região que comporta o ponto testado (1,1) na restrição é aquela que intercepta o plano cartesiano quando testamos a inequação $4x_1 + 8x_2 \leq 16$, como é possível observar na área hachurada no gráfico da Figura 5.3.

Figura 5.3 Teste de região viável para a inequação $4x_1 + 8x_2 \leq 16$

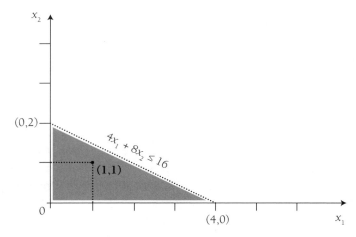

Determinadas a região viável para a restrição do problema representada pela inequação $4x_1 + 8x_2 \leq 16$ e sua intersecção com o eixo das abcissas e ordenadas, o mesmo procedimento deve ser feito para a outra restrição do modelo $6x_1 + 4x_2 \leq 12$, a fim de estabelecermos o polígono de soluções.

Vamos, então, traçar a equação da reta da segunda restrição do problema:

2ª restrição: $6x_1 + 4x_2 \leq 12$

Em $6x_1 + 4x_2 \leq 12$
se $x_1 = 0$, então $6(0) + 4x_2 \leq 12 \rightarrow x_2 = 3$
Ponto (0,3)

se $x_2 = 0$, então $6x_1 + 4(0) \leq 12 \rightarrow x_1 = 2$
Ponto (2,0)

Retomamos nosso gráfico do problema e inserimos a reta formada pelos pontos (0,3) e (2,0), como mostrado na Figura 5.4.

Figura 5.4 Equação da reta da restrição $6x_1 + 4x_2 \leq 12$

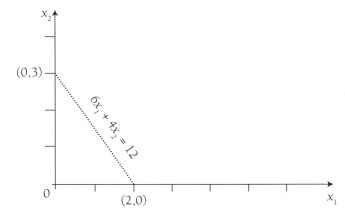

Traçada a reta $6x_1 + 4x_2 \leq 12$, devemos realizar o teste da região para determinar a área em que a restrição intersecciona o quadrante do plano cartesiano (note que esse quadrante já está limitado apenas à área contemplada pela restrição $4x_1 + 8x_2 \leq 16$).

No caso de $6x_1 + 4x_2 \leq 12$, vamos testar, aleatoriamente, o ponto composto pelas coordenadas (3,3).

Teste de região:

$$6(3) + 4(3) \leq 12$$
$$18 + 12 \leq 12$$
$$30 \leq 16$$

Esta condição é falsa!

Neste caso, a região do ponto testado (3,3) não corresponde à área em que a restrição $6x_1 + 4x_2 \leq 12$ intercepta o plano, pois representa uma condição lógica falsa ($30 \leq 16$).

Isso significa que a região que intercepta o plano é a região oposta à do ponto testado (3,3). A Figura 5.5 mostra a área de intersecção entre a restrição $6x_1 + 4x_2 \leq 12$ e o plano cartesiano.

Figura 5.5 Teste de região viável para a inequação $6x_1 + 4x_2 \leq 12$

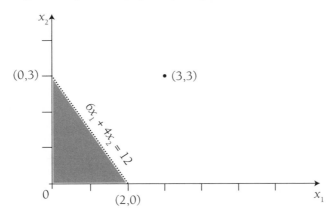

Para que seja possível estabelecer o polígono de soluções, o próximo passo diz respeito à determinação da intersecção entre todas as restrições do modelo.

Nesse sentido, vamos proceder à intersecção das áreas de (A) $4x_1 + 8x_2 \leq 16$ e (B) de $6x_1 + 4x_2 \leq 12$. O resultado do processo de intersecção das restrições (A) e (B) origina o polígono das regiões viáveis (C) do problema, conforme ilustra a Figura 5.6.

Figura 5.6 Intersecção das restrições do problema (A) ∩ (B) = (C)

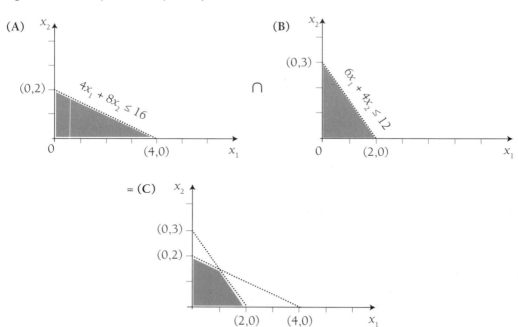

A Figura 5.7 retrata o polígono de soluções do problema, ou seja, a área em que *quaisquer* pontos testados são possíveis soluções para o modelo e, ao mesmo tempo, respeitam as condições impostas por todas as restrições.

Figura 5.7 Polígono de soluções das restrições $4x_1 + 8x_2 \leq 16$ e $6x_1 + 4x_2 \leq 12$

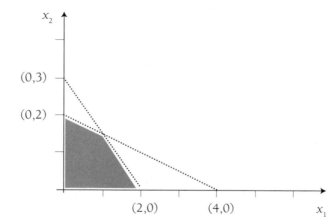

Capítulo 5 ▶ Resolução de modelos de programação linear: o método gráfico

5.2.2 Determinação da solução ótima (vértice do conjunto convexo)

Estabelecido o polígono de regiões viáveis, onde se dispõe de todas as soluções admissíveis para um referido problema de programação linear, parte-se para o processo de determinação da melhor entre todas as soluções possíveis, ou seja, a *solução ótima* do problema.

Como já foi visto no Capítulo 4, a solução única e ótima de um modelo de otimização está contida na função-objetivo deste modelo, representada por uma equação linear, seja de minimização, seja de maximização.

Tomando como base a teoria dos conjuntos convexos, pode-se dizer que, matematicamente, a função-objetivo é representada por um dos vértices do conjunto convexo (polígono de regiões viáveis), pois não pode ser expressa pela combinação convexa de outros dois pontos internos desse polígono.

Assim, a **solução ótima** de um problema de programação linear é dada pelo ponto extremo que compõe um dos vértices do polígono de regiões viáveis do modelo. Como um polígono é formado por mais de um vértice, a questão é descobrir qual dos vértices contempla a solução ótima do problema.

> **Solução ótima**
> A solução ótima de um problema de programação linear é dada pelo ponto extremo que compõe um dos vértices do polígono de regiões viáveis do modelo.

Em problemas gráficos de programação linear, a função-objetivo é, em uma perspectiva geométrica, um vetor de $\Re^2$ (duas dimensões) e, como tal, possui módulo, direção e sentido. Vamos utilizar essas propriedades para determinar o vértice do polígono de restrições que contempla a solução ótima, ou seja, as coordenadas (ordenada e abcissa) do vetor.

O processo é realizado em três passos desencadeados consecutivamente, conforme descrito a seguir.

- **Definir a direção da função-objetivo**

  Para definir a direção de uma função-objetivo no método gráfico, devemos arbitrar um valor qualquer para Z e, então, realizar os procedimentos para traçar a reta no plano cartesiano.

Retomaremos a função-objetivo de nosso exemplo, a fim de exemplificar esse processo.

função-objetivo:
$$\max Z = 15x_1 + 20x_2$$

Suponha o valor de 30 para Z; temos, então:

Em $15x_1 + 20x_2 = 30$

se $x_1 = 0$, então $15(0) + 20x_2 = 30 \rightarrow x_2 = \dfrac{3}{2}$

Ponto $\left(0, \dfrac{3}{2}\right)$

se $x_2 = 0$, então $15x_1 + 20(0) = 30 \rightarrow x_1 = 2$
Ponto $(2,0)$

Retomando o gráfico do nosso exemplo, podemos marcar a reta da função-objetivo de $Z = 30$, formada pelos pontos $\left(0, \dfrac{3}{2}\right)$ e $(2,0)$.

A Figura 5.8 ilustra a incidência da reta da função-objetivo $Z = 30$ no polígono de regiões viáveis do nosso exemplo. Com ela, temos a direção (ângulo) da família de retas de $Z = 15x_1 + 20x_2$.

Figura 5.8 Determinação da direção da função-objetivo de $Z = 15x_1 + 20x_2$

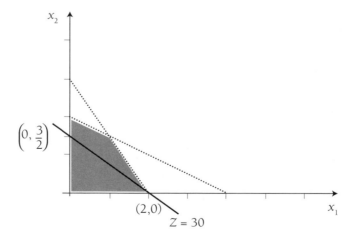

- **Definir o sentido da função-objetivo**

    Para definir o sentido da função-objetivo, devemos traçar mais uma reta de Z no gráfico. Isso ocorre porque só é possível determinar o sentido do vetor quando há pelo menos um par de retas que permite proceder à comparação necessária.

    Para delinear uma nova reta de $Z = 15x_1 + 20x_2$, suponha o valor de $Z = 60$.
    Em $15x_1 + 20x_2 = 60$
    se $x_1 = 0$, então $15(0) + 20x_2 = 60 \rightarrow x_2 = 3$
    Ponto $(0,3)$

    se $x_2 = 0$, então $15x_1 + 20(0) = 60 \rightarrow x_1 = 4$
    Ponto $(4,0)$

    A Figura 5.9 demonstra a reta de $Z = 60$. Observando-a é possível deduzir que o valor de Z aumenta quando ele se distancia da origem.

    Essa figura permite visualizar, portanto, que a função-objetivo $Z = 15x_1 + 20x_2$ tem tendência de *maximização* quando a reta tem o sentido da origem $(0,0)$ ao infinito (∞) do quadrante do plano.

    De outro modo, a função-objetivo $Z = 15x_1 + 20x_2$ assume a tendência de *minimização* quando o sentido vai do infinito (∞) à origem $(0,0)$.

Figura 5.9 Determinação do sentido da função-objetivo $Z = 15x_1 + 20x_2$

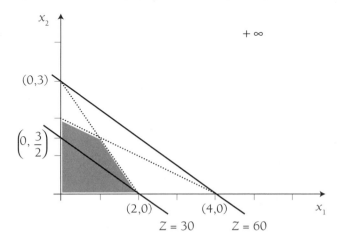

- **Delimitar o vértice da função-objetivo**

    Com a direção e o sentido definidos, podemos determinar o vértice ótimo do conjunto convexo.

    Como queremos a maximização de Z, devemos procurar o vértice mais extremo do polígono de regiões viáveis, respeitando a inclinação da família de retas da função-objetivo e o sentido, que, neste caso, vai da origem ao mais infinito do plano. Sugerimos, para isso, o uso de esquadro e régua para que haja maior precisão na determinação do vértice.

    A Figura 5.10 mostra o vértice ótimo para o problema do nosso exemplo. Ele é composto dos pontos de abcissa (1,0) e ordenada $\left(0, \dfrac{3}{2}\right)$.

    Para calcular o valor ótimo de Z, ou seja, o resultado final do problema de programação linear proposto, basta entrarmos com os valores das coordenadas na equação da função-objetivo.

    Temos, então, para $Z = 15x_1 + 20x_2$, os valores de $x_1 = 1$ e $x_2 = \dfrac{3}{2}$, logo:

$$Z = 15(1) + 20\left(\dfrac{3}{2}\right)$$
$$Z = 15 + 30$$
$$Z = 45$$

Figura 5.10 Vértice ótimo da função-objetivo $Z = 15x_1 + 20x_2$

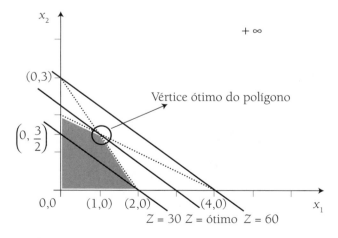

| Capítulo 5 | ▶ | Resolução de modelos de programação linear: o método gráfico |

Assim, por meio do método gráfico, podemos afirmar que, para o exemplo do problema representado pelo algoritmo:

$$\max Z = 15x_1 + 20x_2$$

s.a:

$$4x_1 + 8x_2 \leq 16$$
$$6x_1 + 4x_2 \leq 12$$
$$x_1 \geq 0; x_2 \geq 0$$

A solução ótima é $Z = 45$, com $x_1 = 1$ e $x_2 = \dfrac{3}{2}$.

5.3 CASOS EM QUE A SOLUÇÃO NÃO É UM DOS VÉRTICES DO POLÍGONO

O método gráfico apresenta uma única condição de exceção em seus procedimentos, na qual a solução ótima do problema não é dada por um ponto representado por um dos vértices do polígono das regiões viáveis.

Isso ocorre quando a intersecção da equação da reta da função-objetivo com o polígono resulta em condição de paralelismo. Nesses casos, há coincidência da equação da reta com um dos lados do conjunto convexo.

Para verificar essa condição, vamos realizar uma pequena mudança na função-objetivo do exemplo proposto neste capítulo.

Substituiremos a função-objetivo $\max Z = 15x_1 + 20x_2$ pela função-objetivo:

$$\max Z = 10x_1 + 20x_2$$

s.a:

$$4x_1 + 8x_2 \leq 16$$
$$6x_1 + 4x_2 \leq 12$$
$$x_1 \geq 0; x_2 \geq 0$$

Como foram mantidas inalteradas as restrições do modelo, utilizaremos o mesmo polígono de soluções. Devemos, entretanto, definir a direção, o sentido e o módulo para a nova função-objetivo.

Para delinear a reta de *direção* de max $Z = 10x_1 + 20x_2$, suponha o valor de $Z = 40$.
Em $10x_1 + 20x_2 = 40$

se $x_1 = 0$, então $10(0) + 20x_2 = 40 \rightarrow x_2 = 2$
Ponto (0,2)

se $x_2 = 0$, então $10x_1 + 20(0) = 40 \rightarrow x_1 = 4$
Ponto (4,0)

A Figura 5.11 ilustra a reta de direção para a função-objetivo $Z = 10x_1 + 20x_2$.

Figura 5.11 Determinação da direção da função-objetivo $Z = 10x_1 + 20x_2$

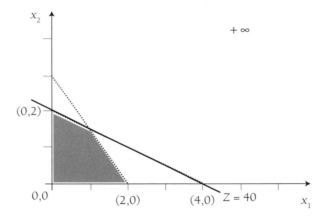

Para obter o *sentido* de $Z = 10x_1 + 20x_2$, é necessária uma comparação par a par de retas. Para tanto, vamos calcular os pontos da reta para $Z = 20$.

Em $10x_1 + 20x_2 = 20$
se $x_1 = 0$, então $10(0) + 20x_2 = 20 \rightarrow x_2 = 1$
Ponto (0,1)

se $x_2 = 0$, então $10x_1 + 20(0) = 20 \rightarrow x_1 = 2$
Ponto (2,0)

A Figura 5.12 permite visualizar o sentido da família de retas da função-objetivo max $Z = 10x_1 + 20x_2$.

Figura 5.12 Determinação do sentido da função-objetivo max $Z = 10x_1 + 20x_2$

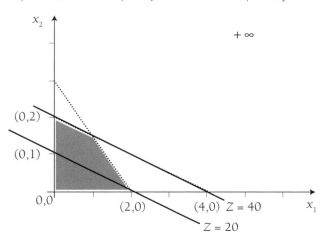

Levando em conta que o objetivo do problema é o de maximização da função objetivo e que, conforme demonstra a Figura 5.12, o valor de Z aumenta no sentido origem → infinito, é possível determinar a solução ótima.

Entretanto, ao se buscar o vértice ótimo do polígono, sendo respeitadas as condições de direção e sentido da reta de $Z = 10x_1 + 20x_2$, o que ocorre é a coincidência da equação da reta de Z com um dos lados do polígono.

A Figura 5.13 detalha o segmento BC do polígono, que compreende o conjunto de pontos considerados ótimos para o problema.

Figura 5.13 Segmento de reta BC ótimo da função-objetivo $Z = 10x_1 + 20x_2$

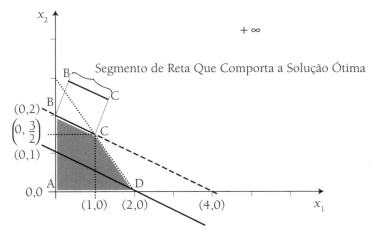

Temos, então, para $Z = 10x_1 + 20x_2$, os valores que vão de B ($x_1 = 0$ e $x_2 = 2$) até $C\left(x_1 = 1 \text{ e } x_2 = \dfrac{3}{2}\right)$.

Vamos testar essa condição calculando o valor de Z a partir dos pontos do vértice B do polígono:

$$Z = 10(0) + 20(2)$$
$$Z = 0 + 40$$
$$Z = 40$$

O mesmo será feito para a definição do valor de Z, usando-se os pontos do vértice C do polígono:

$$Z = 10(1) + 20\left(\frac{3}{2}\right)$$
$$Z = 10 + 30$$
$$Z = 40$$

Nesse caso, como o leitor pode perceber tanto o vértice B quanto o C, pertencentes ao segmento de reta BC do polígono, fornecem o mesmo valor de $Z = 40$ para o problema.

5.4 LIMITAÇÕES DO MÉTODO GRÁFICO

Embora o método gráfico seja considerado de fácil aplicação e bastante útil para a resolução e o entendimento das relações entre as restrições de recursos e o objetivo de um problema do tipo linear, ele possui algumas limitações.

A principal delas diz respeito ao fato de seu emprego estar restringido a modelos lineares pertencentes ao espaço vetorial de $\Re^2$ (duas dimensões). Essa limitação se dá devido à dificuldade humana em trabalhar com perspectivas com mais dimensões, como, por exemplo, um espaço em $\Re^3$ (tridimensional). Outra limitação ocorre quando o problema linear possui um elevado número de restrições de recursos. Isso pode dificultar a visualização do vértice ótimo entre os demais, devido à proximidade entre eles.

Assim, o método gráfico tem como principal limitação o emprego a modelos lineares com base em $\Re^2$, ou seja, apenas a problemas com duas variáveis.

Capítulo 5 ▶ Resolução de modelos de programação linear: o método gráfico

▶ DESTAQUES DO CAPÍTULO

Este capítulo apresentou o método gráfico de resolução de problemas de otimização de programação linear.

Inicialmente, foram descritos alguns dos principais conceitos da teoria dos conjuntos convexos, a fim de proporcionar ao leitor o entendimento intuitivo das bases matemáticas que fundamentam o método gráfico.

Na sequência, foram delineadas as fases de elaboração do polígono de regiões viáveis e da determinação do vértice ótimo.

Foram detalhados os passos de construção da equação da reta de uma restrição linear e como se estabelece a intersecção com o quadrante do plano geométrico. Foi explanado também como o conjunto de todas as intersecções das funções das restrições formam o polígono de soluções do modelo.

Ficou demonstrado que o vértice extremo do polígono, que contém a solução ótima, é encontrado a partir da identificação da direção, do sentido e do módulo da função-objetivo.

Foi abordada, ainda, a questão da excepcionalidade do método gráfico em casos em que há ocorrência da coincidência da intersecção da reta da função-objetivo com um dos lados do polígono.

Por fim, as principais limitações do emprego do método gráfico foram apresentadas ao leitor: a aplicação apenas a modelos na base $\Re^2$ do espaço vetorial e a dificuldade de estabelecer o vértice ótimo em situações de número excessivo de restrições de recursos.

▶ ATIVIDADES NA INTERNET

Existe uma quantidade significativa de *softwares* matemáticos para a resolução gráfica de modelos de programação linear. Alguns desses *softwares*, de cunho não comercial, são distribuídos livremente, em versões *trial*, *academic* ou *student*, pelos detentores de seus direitos autorais e comerciais.

Forme um grupo com quatro colegas da turma de Pesquisa Operacional.

Façam uma pesquisa sobre esses *softwares* na internet. Depois, façam o *download* de um deles, desde que seja disponibilizado legal e gratuitamente por seus proprietários ao público em geral.

Seu professor vai determinar, para cada grupo, um dos exercícios de revisão deste capítulo. A resolução desse exercício deve ser apresentada em sala de aula, com o uso do *software* escolhido pelo grupo. O grupo poderá demonstrar a resolução do problema diretamente no *software* matemático ou, então, elaborar uma apresentação em PowerPoint com uma espécie de tutorial de passos para a solução do modelo.

▶ EXERCÍCIOS DE REVISÃO

Utilize o método gráfico para resolver os seguintes algoritmos de programação linear.

1. min $Z = 100x_1 + 160x_2$

s.a:

$5x_1 + 5x_2 \geq 25$

$4x_1 + 6x_2 \geq 24$

$x_2 \geq 2$

$x_1 \geq 0; x_2 \geq 0$

2. max $Z = 15x_1 + 10x_2$

s.a:

$4x_1 + 12x_2 \leq 36$

$15x_1 + 30x_2 \leq 90$

$x_1 \geq 2$

$x_1 \geq 0; x_2 \geq 0$

3. max $Z = 12x_1 + 8x_2$

s.a:

$4x_1 + 2x_2 \leq 8$

$3x_1 + 4x_2 \leq 12$

$x_1 \geq 0; x_2 \geq 0$

4. max $Z = 5x_1 + 10x_2$

s.a:

$3x_1 + 5x_2 \leq 15$

$2x_1 + 6x_2 \leq 18$

$x_1 \geq 0; x_2 \geq 0$

5. min $Z = 20x_1 + 30x_2$

s.a:

$4x_1 + 12x_2 \geq 36$

$5x_1 + 2x_2 \geq 20$

$x_1 \geq 0; x_2 \geq 0$

6. Resolva o exercício 1 da seção **Exercícios de revisão** do Capítulo 4 pelo método gráfico. Qual é a produção diária de mesas e cadeiras? Qual é o lucro máximo obtido pela marcenaria?

7. Resolva o exercício 2 da seção **Exercícios de revisão** do Capítulo 4 pelo método gráfico. Qual é a quantidade de anéis de vedação A1 e A2 produzidos? Qual é o lucro proporcionado pelo programa ótimo de produção?

Capítulo 5 ▶ Resolução de modelos de programação linear: o método gráfico

8. Resolva o exercício 3 da seção **Exercícios de revisão** do Capítulo 4 pelo método gráfico. Qual é a quantidade de garrafas do tipo PET e qual é a quantidade de latinhas de alumínio que cabem na carroça? Quanto, em dinheiro, o reciclador pode obter por dia de trabalho?

9. Resolva o exercício 4 da seção **Exercícios de revisão** do Capítulo 4 pelo método gráfico. Qual é a produção de capas de violão e capas de guitarra? Qual será o lucro diário do artesão nesse processo?

10. Resolva o exercício 5 da seção **Exercícios de revisão** do Capítulo 4 pelo método gráfico. Que quantidade de anúncios A e B deverá ser contratada? Quanto deverá ser investido para que se atinja o resultado esperado?

▶ ESTUDO DE CASO

Os últimos anos têm sido prósperos para a maioria dos segmentos produtivos do mercado brasileiro. A valorização da moeda, a redução das taxas de juros e as políticas de incentivo à implantação e consolidação de novos negócios são apenas alguns dos impulsionadores da nova economia.

O cenário da economia interna, extremamente favorável, contrapõe-se ao panorama de algumas empresas brasileiras que há muito decidiram se aventurar no mercado externo, direcionando grande parte ou quase a totalidade de sua produção à exportação.

A desvalorização do dólar, as barreiras comerciais e os reflexos da crise europeia fizeram com que alguns dos produtos fabricados em nosso país ficassem menos atrativos para os consumidores de outros países, que, aos poucos, foram deixando de ser clientes contumazes de nossas mercadorias.

A indústria Só Camarão Ltda. está inserida no segmento de exportação de pescado, um daqueles ramos que até pouco tempo estavam em franca ascensão, mas que nos últimos dois anos experimentaram certa redução dos pedidos vindos de clientes internacionais.

A indústria Só Camarão está localizada na região Nordeste e tem como carro-chefe as exportações de camarão e de atum enlatados para o mundo todo, principalmente para os países da Europa e da América do Norte.

Com a queda das exportações, a empresa se viu forçada a estabelecer uma nova estratégia, voltada para o mercado interno, com o objetivo de escoar a produção de pescado que não está sendo exportada. A ideia é fazer isso priorizando o menor investimento possível, pois a indústria Só Camarão pretende voltar a trabalhar apenas com o mercado externo assim que a crise internacional acabar.

Cálculos dos departamentos de Vendas e Produção demonstram que, para a implantação da estratégia fazer sentido, a empresa necessita aumentar sua receita mensal com a soma das vendas de camarão e atum em pelo menos 36%.

A indústria Só Camarão contratou então uma consultoria de marketing e serviços, a qual, após estudar o contexto da empresa, apresentou duas possibilidades de propaganda e publicidade para aumentar a receita mensal de vendas de camarão e atum no mercado interno: propaganda em jornal e propaganda em rádio.

Cada R$ 1.000,00 investidos em propaganda no jornal para o produto camarão retorna 2% na receita mensal de vendas. Cada R$ 1.000,00 investidos em propaganda no jornal para o produto atum retorna 3% na receita mensal de vendas.

Cada R$ 1.000,00 investidos em propaganda no rádio para o produto camarão retorna 3% na receita mensal de vendas. Cada R$ 1.000,00 investidos em propaganda no rádio para o produto atum retorna 2% na receita mensal de vendas.

Também foi detectado pela consultoria que a empresa Só Camarão está enfrentando uma crise orçamentária, devido à queda nas exportações. Uma reunião com o Conselho Diretor da empresa fixou que o valor a ser empregado em publicidade e propaganda não pode exceder a R$ 18.000,00.

Questões

1. Elabore o modelo de programação linear do estudo de caso.

2. Construa o polígono de soluções viáveis do problema.

3. Determine qual é o valor mínimo possível de investimento em propaganda para cada um dos produtos, camarão e atum, que a indústria Só Camarão deve realizar para atingir o percentual de aumento da receita mensal de vendas sem ultrapassar o orçamento fixado pela diretoria da empresa.

▶ REFERÊNCIAS

BRONSON, R. *Pesquisa operacional*. São Paulo: McGraw-Hill do Brasil, 1985.

PUCCINI, A. L. *Introdução à programação linear.* Rio de Janeiro: LTC, 1972.

TAHA, H. *Operations research*: an introduction. New Jersey: Prentice-Hall, 1997.

YOSHIDA, L. K. *Programação linear*. São Paulo: Atual, 1987.

WAGNER, H. *Pesquisa operacional*. Rio de Janeiro: Prentice-Hall, 1986.

Resolução de modelos de programação linear: os métodos algébricos

Neste capítulo será dada continuidade ao processo de resolução de modelos de programação linear iniciada no Capítulo 5.

Se no capítulo anterior o leitor entendeu como é possível resolver um modelo de programação linear empregando o método gráfico, agora terá a oportunidade de vislumbrar os procedimentos para determinação da solução usando os métodos algébricos.

Os métodos algébricos de resolução de problemas de programação linear são mais robustos do que o método gráfico. Isso porque sua utilização não implica a limitação em relação à condição espacial dos vetores que formam o conjunto convexo do modelo linear (que, no método gráfico, é restrito aos vetores pertencentes ao conjunto de $\Re^2$).

Embora existam, no âmbito dos métodos algébricos, outras técnicas matemáticas capazes de solucionar o problema da programação linear, apresentaremos no presente capítulo o método SIMPLEX.

A maioria das técnicas matemáticas propostas para a resolução de modelos de programação linear é baseada na teoria dos conjuntos convexos (método gráfico, método da regra de Cramer, método Gauss-Jordan, método algébrico por substituição, método algébrico por adição e método SIMPLEX).

A escolha do SIMPLEX deve-se a suas peculiaridades como método algébrico. Seu desenvolvimento se dá por meio de um conjunto padronizado de rotinas que executam o cálculo matemático do algoritmo de programação linear, ou seja, essa técnica sistematiza o processo de resolução de um problema linear. Desse modo, nem mesmo aquele leitor menos familiarizado com a matemática vetorial e com a resolução de sistemas de equações e inequações lineares deverá encontrar maiores dificuldades na utilização do SIMPLEX.

Outro ponto a ser destacado é que a quase totalidade de *softwares* de programação linear voltados ao meio empresarial existentes no mercado está fundamentada no SIMPLEX, pelo fato de suas rotinas computacionais serem de baixo grau de complexidade matemática.

Diante desse cenário, este capítulo detalha o método SIMPLEX. Apresenta, inicialmente, as bases que fundamentam matematicamente os métodos algébricos. Na sequência, descreve as etapas para a resolução algébrica dos modelos de programação linear usando o SIMPLEX. Discorre ainda sobre os casos especiais da minimização, da solução básica inicial, do empate nas variáveis de entrada e do empate nas variáveis que saem da base, do problema da variável livre, além dos casos em que ocorrem as múltiplas soluções ou soluções ilimitadas.

6.1 BASE MATEMÁTICA DOS MÉTODOS ALGÉBRICOS

Para entendermos os princípios que fundamentam matematicamente qualquer método algébrico precisamos retomar algumas ideias sobre a teoria dos conjuntos convexos, expostas no Capítulo 5.

A primeira questão que se deve ter em mente é que a resolução de problemas de programação linear tem sua fundamentação matemática baseada na teoria dos conjuntos convexos.[1]

De acordo com Yoshida,[2] o conjunto de soluções viáveis de um problema de programação linear é convexo e tem sua solução ótima localizada em um ponto extremo (vértice) desse conjunto. Nesse sentido, os métodos algébricos estão alicerçados nas mesmas hipóteses do método gráfico. A diferença está na possibilidade de visualização dos vértices do polígono e da intersecção destes com a equação da função-objetivo.

A Figura 6.1 ilustra, no espaço vetorial, um polígono de três vértices (x_1, x_2 e x_3) com base em $\Re^2$ e outro polígono de quatro vértices (x_1, x_2, x_3 e x_4) com base no espaço $\Re^3$.

Figura 6.1 Representação de um polígono nos espaços $\Re^2$ e $\Re^3$

Polígono de 3 pontos em $\Re^2$

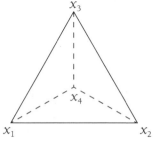
Polígono de 4 pontos em $\Re^3$

---
1 BRONSON, R. *Pesquisa operacional*. São Paulo: McGraw-Hill do Brasil, 1985.
2 YOSHIDA, L. K. *Programação linear*. São Paulo: Atual, 1987.

Capítulo 6 ▶ Resolução de modelos de programação linear: os métodos algébricos

Na Figura 6.1, o polígono (representado por um triângulo) em $\Re^2$ é bidimensional e possui seus vértices (pontos extremos) localizados no plano das abcissas (x) e das ordenadas (y), sendo, portanto, viável a resolução por meio do método gráfico.

Entretanto, ainda nessa figura, percebe-se que o polígono (representado por um tetraedro) em $\Re^3$ é tridimensional e possui seus vértices localizados no plano das abcissas (x), das ordenadas (y) e das cotas (z), o que dificulta a visualização da intersecção da equação da função-objetivo com os vértices do polígono usando o método gráfico.

Os métodos algébricos de resolução de problemas de programação linear viabilizam, portanto, a determinação do ponto extremo ótimo de polígonos posicionados em quaisquer dimensões do espaço vetorial $\Re^2$, $\Re^3$, $\Re^4$, $\Re^5$, ..., $\Re^m$.

Um ***método algébrico de resolução de problemas de programação linear*** consiste, portanto, em um conjunto de procedimentos para determinar o vértice ótimo do polígono de soluções.

> **Método algébrico de resolução de problemas de programação linear**
> Consiste em um conjunto de procedimentos para determinar o vértice ótimo do polígono de soluções.

6.2 O MÉTODO ALGÉBRICO SIMPLEX

Esta seção vai definir as origens do método SIMPLEX, descrever as etapas para a resolução de problemas de programação linear usando esse método e detalhar os casos especiais da minimização, da solução básica inicial, das múltiplas soluções, das variáveis livres e da solução ilimitada.

6.2.1 As origens do método SIMPLEX

O método SIMPLEX de resolução de problemas de programação linear foi desenvolvido e aperfeiçoado pelo matemático norte-americano George Dantzig (1914--2005). Por seu trabalho, que foi publicado no ano de 1947 e apresentou à comunidade matemática mundial o

Dimensão
É dada pelo seu espaço e o número de pontos que o determinam.

SIMPLEX
Região contida em $\Re^m$ resultante da intersecção de semiespaços de $n + 1$ vértices em N dimensões. Isso significa um segmento de linha sobre uma linha, um triângulo sobre um plano, um tetraedro em um espaço tridimensional, e assim por diante.

algoritmo do SIMPLEX, Dantzig[3] ficou conhecido como o "pai da programação linear".

A palavra SIMPLEX é usualmente empregada na Topologia (ramo da Matemática que estuda a convergência, a convexidade e a continuidade). Ela é a generalização do conceito de triângulo e outras dimensões (uma **dimensão** é dada pelo seu espaço e o número de pontos que o determinam).

Matematicamente, o termo **SIMPLEX** pode ser definido como a região contida em $\Re^m$ resultante da intersecção de semiespaços de $n + 1$ vértices em N dimensões. Isso significa um segmento de linha sobre uma linha, um triângulo sobre um plano, um tetraedro em um espaço tridimensional, e assim por diante.

Quanto ao seu nome, o SIMPLEX é assim chamado por representar sempre o polígono mais simples de sua dimensão. Por exemplo, em $\Re^2$, o triângulo é o polígono com menor número de vértices e de arestas. Em $\Re^3$, o tetraedro é o polígono que possui o menor número de vértices, arestas e faces.

Desse modo, constatamos que Dantzig,[4] valendo-se de toda a sua genialidade matemática, usou as propriedades topológicas dos polígonos do tipo SIMPLEX para desenvolver um método capaz de solucionar problemas de programação linear.

O método desenvolvido por Dantzig tornou-se tão conhecido que, quando se fala em SIMPLEX, as pessoas costumam associar o nome ao algoritmo de resolução de problemas de programação linear, e não mais à teoria matemática do ramo da Topologia que o originou.

---

3 DANTZIG, G. *Linear programming and extensions.* New Jersey: Princeton University Press, 1998.
4 DANTZIG, 1998.

6.2.2 Etapas para resolução de problemas usando o método SIMPLEX

O **método SIMPLEX** determina a solução ótima de um problema de programação linear e, em certas circunstâncias, permite concluir que o problema tem múltiplas soluções, é inviável ou ilimitado.

De modo geral, o SIMPLEX busca, a partir de uma primeira solução básica viável, percorrer de forma iterativa os vértices de um polígono até alcançar uma solução considerada ótima para o problema.[5]

Na prática, a utilização do SIMPLEX se dá mediante uma sequência de etapas que se inicia com a redução do sistema linear à forma canônica, passa pela construção do *quadro* SIMPLEX, pela determinação da solução básica inicial, pela escolha das variáveis que entram e das variáveis que saem da base, pelo cálculo da nova solução básica e pelo teste dessa nova solução.[6]

> **Método SIMPLEX**
> Determina a solução ótima de um problema de programação linear e, em certas circunstâncias, permite concluir que o problema tem múltiplas soluções, é inviável ou ilimitado.

6.2.2.1 Etapas do método SIMPLEX

ETAPA I: Redução do sistema linear à forma canônica

Embora nosso objetivo seja trabalhar com um sistema de equações, a maioria dos problemas não é formada apenas por equações. Em geral, as restrições são inequações.

Para poder resolver um modelo de programação linear via SIMPLEX, temos que reduzir seu sistema algébrico à forma canônica. Isso significa adequar o modelo de programação linear à "linguagem" utilizada pelo SIMPLEX.

A forma canônica de um modelo de programação linear é dada na forma:

maximizar $Z = c_1x_1 + c_2x_2 + \cdots + c_nx_n$

---

5 YOSHIDA, 1987; TAHA, H. *Operations research*: an introduction. New Jersey: Prentice-Hall, 1997.
6 BRONSON, 1985.

s.a:

$$a_{11}x_1 + a_{12}x_2 + \cdots + a_{1n}x_n = b_1$$

$$a_{21}x_1 + a_{22}x_2 + \cdots + a_{2n}x_n = b_2$$

$$\ldots \ldots \ldots \ldots \ldots \ldots \ldots \ldots \ldots \ldots \ldots$$

$$a_{m1}x_1 + a_{m2}x_2 + \cdots + a_{mn}x_n = b_m$$

com

$$x_1 \geq 0; \; x_2 \geq 0; \ldots; \; x_n \geq 0$$

onde:

c_j = contribuição unitária atribuída à variável x_j;

a_{ij} = coeficiente de x_j na restrição i;

b_i = valor limite da restrição i;

$i = 1, 2, \ldots, m$; e

$j = 1, 2, \ldots, n$.

Analisando a forma canônica da programação linear, é possível verificar que os modelos resolvidos por ela devem ser de *maximização* e com todas as restrições do modelo em forma de equações.

Vamos tratar aqui apenas dos modelos de maximização e considerar os modelos de minimização como um caso especial da programação linear, o qual será estudado em um tópico dedicado a ele. Nosso problema fica, portanto, direcionado para a transformação das inequações de um modelo de programação linear em equações a fim de obter a forma canônica.

O artifício utilizado será a colocação de variáveis de folga nas inequações. A função de uma variável de folga é promover o equilíbrio entre os dois lados de uma inequação, tornando-a uma equação.

Primeiro, precisamos entender que, em problemas de programação linear, uma inequação representa a relação entre determinado *recurso* e sua *utilização*. Assim, poderemos ter as seguintes situações:

UTILIZAÇÃO DE RECURSO ≤ DISPONIBILIDADE DE RECURSO

UTILIZAÇÃO DE RECURSO ≥ DISPONIBILIDADE DE RECURSO

Capítulo 6 ▶ Resolução de modelos de programação linear: os métodos algébricos

Para transformar uma desigualdade ≤ entre lado esquerdo e direito da restrição em uma igualdade, colocamos uma variável de folga com sinal +:

UTILIZAÇÃO + VARIÁVEL DE FOLGA = DISPONIBILIDADE

Para transformar uma desigualdade ≥ entre lado esquerdo e direito da restrição em uma igualdade, colocamos uma variável de folga com sinal −:

UTILIZAÇÃO − VARIÁVEL DE FOLGA = DISPONIBILIDADE

Para ilustrar esse processo, vamos retomar o exemplo resolvido graficamente no Capítulo 5:

função-objetivo:

$$\max Z = 15x_1 + 20x_2$$

sujeito às restrições:

$$4x_1 + 8x_2 \leq 16$$
$$6x_1 + 4x_2 \leq 12$$

com

$$x_1 \geq 0;\ x_2 \geq 0$$

A função-objetivo do exemplo é de maximização, o que atende à forma canônica da programação linear. Entretanto, as restrições são desigualdades do tipo ≤ e necessitam ser transformadas em igualdades antes de passarmos à próxima etapa do SIMPLEX.

Temos, então:

$$4x_1 + 8x_2 + xF_1 = 16$$
$$6x_1 + 4x_2 + xF_2 = 12$$

onde:

xF_1 e xF_2 são as variáveis de folga das restrições.

107

Com a adequação do modelo à forma canônica, podemos iniciar a segunda etapa do método, que consiste na construção do *quadro* SIMPLEX.

ETAPA 2: Construção do quadro SIMPLEX

A construção do quadro do SIMPLEX é um procedimento simples que consiste na colocação de todas as equações do modelo de programação linear em forma de quadro.

Nesse enquadramento, cada linha representa uma equação (função-objetivo e restrições) e cada coluna indica um parâmetro, quais sejam o de otimização (Z), as variáveis (x_j) e os termos independentes (b_i).

É necessário salientar que, para obter o termo independente (b_i) da equação da função-objetivo, devem-se passar todos os termos do lado direito da equação para o lado esquerdo, isolando $Z = 0$.

Chamamos essa equação em que $Z = 0$ de *função-objetivo transformada*.

$Z = 0$
A equação em que $Z = 0$ é chamada de *função-objetivo transformada*.

Para nosso exemplo, vamos obter a função-objetivo transformada antes de elaborar o quadro SIMPLEX:

função-objetivo:

$$\max Z = 15x_1 + 20x_2$$

função-objetivo transformada:

$$Z - 15x_1 + 20x_2 = 0$$

Temos agora todas as transformações e ajustes para montar nosso quadro:

$$Z - 15x_1 - 20x_2 = 0$$
$$4x_1 + 8x_2 + xF_1 = 16$$
$$6x_1 + 4x_2 + xF_2 = 12$$

Capítulo 6 ▶ Resolução de modelos de programação linear: os métodos algébricos

Colocando os valores constantes da função-objetivo transformada e das restrições de nosso exemplo no quadro SIMPLEX, temos:

Z	x_1	x_2	xF_1	xF_2	b
1	−15	−20	0	0	0
0	4	8	1	0	16
0	6	4	0	1	12

Como o leitor pode notar, coloca-se 0 (zero) nas células do quadro que não possuem entrada de valor.

As duas etapas iniciais consistiram basicamente na adequação do modelo de programação linear aos requisitos matemáticos exigidos para resolução pelo método SIMPLEX.

A apresentação das etapas subsequentes vai permitir ao leitor a realização dos cálculos que determinam o vértice ótimo que contém a solução de um modelo de programação linear.

ETAPA 3: Determinação da solução básica inicial

Como já foi visto, na teoria dos conjuntos convexos, uma solução básica é dada por um ponto pertencente a um dos vértices extremos do polígono. Ou seja, cada vértice do polígono é uma solução básica. A questão é saber qual delas é a solução ótima.

A **solução básica** inicial é o primeiro vértice conhecido de um polígono; sua determinação é relevante para o método SIMPLEX, porque se trata do ponto de partida para a resolução do problema.

Como cada vértice do polígono é um vetor, pode-se deduzir que a solução básica inicial será do tipo $\begin{bmatrix} 1 \\ 0 \end{bmatrix}$ em $\Re^2$, $\begin{bmatrix} 1 \\ 0 \\ 0 \end{bmatrix}$ em $\Re^3$, e assim por diante.

> **Solução básica**
> É dada por um ponto pertencente a um dos vértices extremos do polígono. Ou seja, cada vértice do polígono é uma solução básica.

Vamos retomar o quadro SIMPLEX de nosso exemplo:

Z	x_1	x_2	xF_1	xF_2	b
1	−15	−20	0	0	0
0	4	8	1	0	16
0	6	4	0	1	12

É possível, por meio do quadro, visualizar que as colunas de xF_1 e xF_2, que são variáveis de folga pertencentes às duas restrições do modelo, estão no formato $\begin{bmatrix}1\\0\end{bmatrix}$ e $\begin{bmatrix}0\\1\end{bmatrix}$, ou seja, são vetores de $\Re^2$. Logo, xF_1 e xF_2 são as variáveis que compõem a solução básica inicial para o exemplo.

Para que fique mais claro, vamos representar a relação expressa no quadro SIMPLEX por meio matricial:

$$\begin{bmatrix}1\\0\end{bmatrix} \cdot xF_1 + \begin{bmatrix}0\\1\end{bmatrix} \cdot xF_2 = \begin{bmatrix}16\\12\end{bmatrix}$$

As demais variáveis são denominadas *não básicas*, pois não estão contidas no polígono e porque a elas não se atribui valor.

Assim, a solução básica inicial do exemplo corresponde à $Z = 0$, com $xF_1 = 16$ e $xF_2 = 12$. As variáveis $x_1 = 0$ e $x_2 = 0$ são variáveis não básicas.

Mas esse é apenas o vértice da solução inicial do polígono. A próxima etapa descreverá os passos para passar desse para outro dos vértices do polígono (iteração) na busca pelo vértice ótimo.

ETAPA 4: Escolha da variável que entra na base e da variável que sai da base

A partir da definição da solução básica inicial de um problema de programação linear tem início um processo de permuta entre as variáveis básicas e não básicas do modelo.

Como se sabe que a solução ótima é um dos vértices do polígono, o qual é formado por pontos das variáveis conhecidas do modelo, é importante verificar se a entrada na base de uma variável não básica vai promover a melhoria na solução do problema.

Para que uma variável não básica passe a figurar como variável básica, é necessário que uma das variáveis básicas torne-se não básica.

Capítulo 6 ▶ Resolução de modelos de programação linear: os métodos algébricos

Existem critérios para a realização dessa permuta entre as variáveis do modelo. Voltando ao quadro do nosso exemplo:

Z	x_1	x_2	xF_1	xF_2	b
1	−15	−20	0	0	0
0	4	8	1	0	16
0	6	4	0	1	12

$$Z = 0$$

variáveis não básicas: variáveis básicas:
$x_1 = 0$ $xF_1 = 16$
$x_2 = 0$ $xF_2 = 12$

Vamos proceder a permuta entre uma variável básica com uma não básica, obedecendo a dois critérios:

1. Critério para determinação da variável que entra

A **variável que entra** na base será aquela variável não básica que, na linha da função-objetivo transformada, apresentar coeficiente negativo de maior valor.

No caso do nosso exemplo, a variável que entra na base é a variável x_2, que possui coeficiente −20 na linha da função-objetivo transformada. Na prática, isso quer dizer que cada unidade da variável x_2 que entrar na base vai incrementar em 20 unidades o valor de Z.

2. Critério para determinação da variável que sai

A **variável que sai** da base é dada pelo menor dentre os quocientes resultantes da divisão do termo independente de uma restrição pelo coeficiente da variável que entra daquela restrição.

Retomando o quadro do nosso exemplo, vamos determinar os quocientes de cada uma das restrições para então compará-los.

> **Variável que entra**
> A variável que entra na base será aquela variável não básica que, na linha da função-objetivo transformada, apresentar coeficiente negativo de maior valor.
>
> **Variável que sai**
> A variável que sai da base é dada pelo menor dentre os quocientes resultantes da divisão do termo independente de uma restrição pelo coeficiente da variável que entra daquela restrição.

Z	x_1	x_2	xF_1	xF_2	b
1	−15	−20	0	0	0
0	4	8	1	0	16
0	6	4	0	1	12

$$Z = 0$$

variáveis não básicas: variáveis básicas:
$x_1 = 0$ $xF_1 = 16$
$x_2 = 0$ $xF_2 = 12$

Cálculo da variável que sai da base do polígono:

$$16 \div 8 = 2$$
$$12 \div 4 = 3$$

O quociente da divisão do termo independente (valor 16) da primeira restrição pelo coeficiente de valor da variável x_2 (valor 8) resulta em 2; o quociente da divisão do termo independente (valor 12) da segunda restrição pelo coeficiente de valor da variável x_2 (valor 4) resulta em 3.

Comparando os quocientes, podemos determinar que a variável que sai da base é a variável básica da primeira restrição, a variável xF_1. Com isso, sabe-se que, para o nosso exemplo, a permuta será realizada entre x_2, que vai entrar na base e xF_1, que sai da base.

A Figura 6.2 mostra, a título de ilustração, a permuta entre variáveis procedida para o exemplo adotado:

Figura 6.2 Processo de permuta entre uma variável básica e uma variável não básica

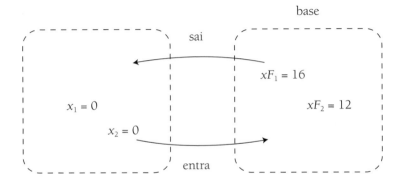

| Capítulo 6 ▶ | Resolução de modelos de programação linear: os métodos algébricos |

ETAPA 5: Cálculo de uma nova solução básica

Após a determinação de qual variável deve entrar e de qual variável deve sair da base do polígono do problema, a próxima etapa diz respeito ao cálculo dos novos valores assumidos por Z e pelas variáveis do modelo.

Na prática, o que precisa ser feito é o novo cálculo de cada uma das linhas do quadro SIMPLEX.

Para calcular as novas linhas do quadro, três passos devem ser executados: definição do elemento pivô, cálculo da nova linha pivô e cálculo das demais linhas do quadro.

- **Definição do elemento pivô**

    A *definição do elemento pivô* é dada pela intersecção da coluna dos coeficientes da variável que entra na base com a linha dos coeficientes da variável que sai da base.

    Para o nosso exemplo, em que a variável que entra na base é x_2 e a linha da variável que sai da base (xF_1) é a 2ª linha, temos como elemento pivô a intersecção entre estas, o que resulta no coeficiente de valor 8.

> **Definição do elemento pivô**
> É dada pela intersecção da coluna dos coeficientes da variável que entra na base com a linha dos coeficientes da variável que sai da base.
>
> **Cálculo da nova linha pivô**
> É dado pela divisão, termo a termo, da linha da variável que sai pelo elemento pivô.

entra na base
↓

	Z	x_1	x_2	xF_1	xF_2	b
1ª linha	1	−15	−20	0	0	0
2ª linha	0	4	8	1	0	16	→ sai da base
3ª linha	0	6	4	0	1	12

- **Cálculo da nova linha pivô**

    O *cálculo da nova linha pivô* é dado pela divisão, termo a termo, da linha da variável que sai pelo elemento pivô.

	Z	x_1	x_2	xF_1	xF_2	b	
2ª linha	0	4	8	1	0	16	
			$\div 8$				
nova 2ª linha	0	$\dfrac{1}{2}$	1	$\dfrac{1}{8}$	0	2	→ linha pivô

Linha pivô
A linha da restrição da variável que sai também é chamada de linha pivô.

Um aspecto importante para o cálculo do SIMPLEX é que a linha da variável que sai também é a **linha pivô**. A linha pivô é a base para a execução dos cálculos das demais novas linhas de um quadro.

- **Cálculo das demais novas linhas do quadro**

O cálculo das demais novas linhas do quadro é realizado tomando por base os valores da nova linha pivô.

Suponha uma linha qualquer l_n do quadro SIMPLEX. Pode-se dizer que, para a determinação de uma nova linha l_n, os valores serão determinados pela multiplicação de cada termo da nova linha pivô pelo coeficiente com sinal invertido da variável que entra na linha l_n. A linha resultante dessa multiplicação deverá ser somada, termo a termo, com a linha l_n. Tem-se, então, a nova linha l_n.

Vamos retomar a 1ª linha do exemplo descrito nesta seção:

	Z	x_1	x_2	xF_1	xF_2	b
1ª linha	1	−15	−20	0	0	0

Cálculo da nova 1ª linha:

	Z	x_1	x_2	xF_1	xF_2	b
linha pivô	0	$\dfrac{1}{2}$	1	$\dfrac{1}{8}$	0	2
x(20)	0	10	20	$\dfrac{5}{2}$	0	40
+ 1ª linha	1	−15	−20	0	0	0
nova 1ª linha	1	−5	0	$\dfrac{5}{2}$	0	40

Agora faremos o mesmo procedimento para calcular a 3ª linha do exemplo (note que a 2ª linha é a nova linha pivô e, portanto, já foi calculada).

	Z	x_1	x_2	xF_1	xF_2	b
3ª linha	0	6	4	0	1	12

Cálculo da nova 3ª linha:

	Z	x_1	x_2	xF_1	xF_2	b
linha pivô	0	$\dfrac{1}{2}$	1	$\dfrac{1}{8}$	0	2
x(−4)	0	−2	−4	$-\dfrac{1}{2}$	0	−8
+ 3ª linha	0	6	4	0	1	12
nova 3ª linha	0	4	0	$-\dfrac{1}{2}$	1	4

Introdução à pesquisa operacional

Feitos todos os cálculos para a definição das novas linhas, podemos agora apresentar o novo quadro SIMPLEX para o problema.

	Z	x_1	x_2	xF_1	xF_2	b
nova 1ª linha	1	−5	0	$\dfrac{5}{2}$	0	40
nova 2ª linha	0	$\dfrac{1}{2}$	1	$\dfrac{1}{8}$	0	2
nova 3ª linha	0	4	0	$-\dfrac{1}{2}$	1	4

$$Z = 40$$

variáveis não básicas: variáveis básicas:

$x_1 = 0$ $x_2 = 2$

$xF_1 = 0$ $xF_2 = 4$

ETAPA 6: Teste da nova solução básica

Para sabermos se a solução básica determinada é a melhor solução possível do modelo, devemos analisar a linha da função-objetivo transformada (1ª linha) do quadro.

A **solução** será considerada ótima quando todos os coeficientes das variáveis não básicas da linha da função-objetivo transformada forem positivos ou nulos.

Se houver coeficiente de alguma variável não básica com sinal negativo na linha da função-objetivo transformada, a solução encontrada ainda não será ótima.

No exemplo descrito em nossa seção, embora o valor do objetivo tenha passado de $Z = 0$ para $Z = 40$, melhorando sensivelmente o resultado do modelo, não temos a solução ótima, pois o coeficiente da variável

Solução
A solução será considerada ótima quando todos os coeficientes das variáveis não básicas da linha da função-objetivo transformada forem positivos ou nulos.

Capítulo 6 ▶ Resolução de modelos de programação linear: os métodos algébricos

não básica x_1 apresenta valor negativo na 1ª linha (linha da função-objetivo transformada). Nesse caso, devemos realizar todos os passos das etapas 4, 5 e 6 novamente.

Retornando ao exemplo, a variável que entra na base é x_1, pois possui coeficiente negativo (-5) na linha da função-objetivo transformada.

Quem sai da base é xF_2, variável básica da 3ª linha, que obteve o menor quociente da divisão entre o termo independente da restrição e o coeficiente da variável que entra x_1, em relação às demais restrições.

entra na base
↓

	Z	x_1	x_2	xF_1	xF_2	b
1ª linha	1	-5	0	$\dfrac{5}{2}$	0	40
2ª linha	0	$\dfrac{1}{2}$	1	$\dfrac{1}{8}$	0	2
3ª linha	0	4	0	$-\dfrac{1}{2}$	1	4

$2 \sqrt{\dfrac{1}{2}} = 4$

$4 \div 4 = 1$ → sai da base

O elemento pivô, dado pela intersecção entre a coluna da variável que entra x_1 e a linha da variável que sai xF_2, é, nesse caso, 4.

A nova linha pivô será definida pela divisão de todos os termos da 3ª linha pelo elemento pivô 4.

	Z	x_1	x_2	xF_1	xF_2	b
3ª linha	0	4	0	$-\dfrac{1}{2}$	1	4
			$\div 4$			
nova 3ª linha	0	1	0	$-\dfrac{1}{8}$	$\dfrac{1}{4}$	1

→ linha pivô

Introdução à pesquisa operacional

Com a nova linha pivô podemos determinar as novas 1ª e 2ª linhas.

1ª linha:

	z	x_1	x_2	xF_1	xF_2	b
1ª linha	1	−5	0	$\dfrac{5}{2}$	0	40

Cálculo da nova 1ª linha:

	z	x_1	x_2	xF_1	xF_2	b
linha pivô	0	1	0	$-\dfrac{1}{8}$	$\dfrac{1}{4}$	1
x(5)	0	5	0	$-\dfrac{5}{8}$	$\dfrac{5}{4}$	5
+ 1ª linha	1	−5	0	$\dfrac{5}{2}$	0	40
nova 1ª linha	1	0	0	$\dfrac{15}{8}$	$\dfrac{5}{4}$	45

2ª linha:

	z	x_1	x_2	xF_1	xF_2	b
2ª linha	0	$\dfrac{1}{2}$	1	$\dfrac{1}{8}$	0	2

Cálculo da nova 2ª linha:

	z	x_1	x_2	xF_1	xF_2	b
linha pivô	0	1	0	$-\dfrac{1}{8}$	$\dfrac{1}{4}$	1

	Z	x_1	x_2	xF_1	xF_2	b
$x\left(-\dfrac{1}{2}\right)$	0	$-\dfrac{1}{2}$	0	$\dfrac{1}{16}$	$-\dfrac{1}{8}$	$-\dfrac{1}{2}$
+ 2ª linha	0	$\dfrac{1}{2}$	1	$\dfrac{1}{8}$	0	2
nova 2ª linha	0	0	1	$\dfrac{3}{16}$	$-\dfrac{1}{8}$	$\dfrac{3}{2}$

Após calcular todas as linhas do quadro, temos a nova solução básica para o problema:

	Z	x_1	x_2	xF_1	xF_2	b
nova 1ª linha	1	0	0	$\dfrac{15}{8}$	$\dfrac{5}{4}$	45
nova 2ª linha	0	0	1	$\dfrac{3}{16}$	$-\dfrac{1}{8}$	$\dfrac{3}{2}$
nova 3ª linha	0	1	0	$-\dfrac{1}{8}$	$\dfrac{1}{4}$	1

$$Z = 45$$

variáveis não básicas: variáveis básicas:

$xF_1 = 0$ $x_1 = 1$

$xF_2 = 0$ $x_2 = \dfrac{3}{2}$

Agora podemos examinar a nova solução. O valor da solução é $Z = 45$, com $x_1 = 1$ e $x_2 = \dfrac{3}{2}$.

Examinando a linha da função-objetivo transformada, verifica-se que essa é a solução ótima, pois não há variáveis não básicas com coeficientes negativos naquela linha.

Uma solução básica será ótima apenas se, e somente se, na linha da função-objetivo transformada, todos os valores dos coeficientes das variáveis não básicas forem positivos ou nulos. Enquanto essa condição não for alcançada, serão repetidas, quantas vezes forem necessárias, as etapas de determinação da variável que entra na base, de definição da variável que sai da base, de estabelecimento da nova linha pivô, de cálculo das outras novas linhas e de teste da nova solução do modelo.

Em relação ao exemplo descrito nesta seção, como já era esperado, o resultado alcançado pelo método algébrico é idêntico ao determinado para o mesmo exemplo quando ele foi resolvido com a aplicação do método gráfico (ver os detalhes desse processo no Capítulo 5).

6.2.3 Casos especiais do SIMPLEX

Vimos, até o momento, que em sua forma padrão (canônica) o SIMPLEX é um modelo de programação linear de maximização formado por um conjunto de equações lineares, com todas as variáveis não negativas.

Esta seção apresentará os casos em que tais condições não são respeitadas e como resolvê-los. Serão detalhados aqui os casos especiais de minimização, do problema da solução básica inicial, do empate na variável de entrada, do empate na variável de saída, da variável livre, das múltiplas soluções e das soluções ilimitadas.

6.2.3.1 O problema da minimização

A resolução de modelos de minimização pelo método SIMPLEX segue todas as etapas descritas na seção anterior. O que devemos fazer é transformar um problema que é originalmente de minimização em outro, de maximização.

Sabe-se, matematicamente, que encontrar o mínimo de uma função é equivalente a encontrar o máximo simétrico dessa função.[7]

Portanto, para obter a função-objetivo de maximização a partir de uma de minimização, basta executar a troca de sinais de todos os coeficientes da função. Isso é feito de uma forma muito simples, multiplicando-se todos os coeficientes da função-objetivo de minimização pelo fator (-1).

Dada a seguinte função-objetivo de minimização:

$$\min Z = c_1 x_1 + c_2 x_2 + \cdots + c_n x_n$$

---

7 PUCCINI, A. L. *Introdução à programação linear*. Rio de Janeiro: LTC, 1972.

Capítulo 6 ▶ Resolução de modelos de programação linear: os métodos algébricos

seu modelo de maximização equivalente será:

$$\max W = -c_1x_1 - c_2x_2 - \cdots - c_nx_n$$

onde $W = (-Z)$

Para retornar o resultado final do modelo como sendo de minimização, deve-se multiplicar o valor de W obtido no último quadro do problema por (-1).

$$Z = W \cdot (-1)$$

6.2.3.2 O problema da solução básica inicial

Muitas vezes, os modelos de programação linear possuem restrições de limite inferior ($\geq$) ou restrições de igualdade ($=$), o que não permite a determinação direta da solução básica inicial do problema. Como recurso para obtenção da primeira solução, empregam-se variáveis artificiais.

A inclusão de variáveis artificiais no modelo implica a necessidade de algum método matemático que permita dar continuidade ao processo normal de cálculo do problema pelo método SIMPLEX. Entre esses destaca-se o método do "M" grande.

- **A dificuldade da determinação da solução básica inicial em restrições $\geq$ ou $=$**

  Os modelos descritos até aqui possuíam todas as restrições com limites superiores, ou seja, restrições do tipo $\leq$, com seus respectivos termos independentes $b_i \geq 0$.

  Como a exigência para resolver um problema de programação linear é que seu modelo esteja na *forma canônica* (um conjunto de equações lineares), emprega-se nesses casos, de restrições do tipo $\leq$, o artifício da variável de folga com sinal positivo ($+ xF_n$).

  Isso também resolve a questão da obtenção da solução básica inicial, pois, ao "zerar" as variáveis

Forma canônica
Conjunto de equações lineares.

originais do modelo $(x_1, x_2, ..., n)$, as variáveis de folga $(+ xF_n)$ assumem os valores positivos que constituem o primeiro vértice do problema. Há, entretanto, casos em que as restrições e os termos independentes não estão nesse formato.

Existem modelos de programação linear que possuem restrições com limites inferiores, isto é, restrições do tipo ≥ 0, e restrições que têm o termo independente b_i, que apresenta o sinal lógico de igualdade $(=)$.

No caso das restrições do tipo ≥ 0, utiliza-se o artifício da variável de folga com sinal negativo $(-xF_n)$ para transformar a inequação em uma equação linear.

Esse processo produz um fato inconveniente, que é a impossibilidade de determinar a solução básica inicial apenas arbitrando o valor 0 (zero) às variáveis originais do modelo $(x_1, x_2, ..., n)$. Para que seja possível visualizar melhor tal situação, suponha uma restrição de limite inferior dada por:

$$12x_1 + 24x_2 \geq 30$$

Para que essa restrição se adeque ao formato padrão dos modelos de programação linear (forma canônica), será posta a variável de folga que permite transformar a inequação em uma equação.

Como o desequilíbrio entre os lados direito e esquerdo da restrição $12x_1 + 24x_2 \geq 30$ é dado por uma utilização dos recursos maior do que sua disponibilidade, é necessária a colocação de uma variável de folga com sinal do tipo negativo $(-xF_n)$.

$$12x_1 + 24x_2 - xF_1 = 30$$

Embora o procedimento equalize os recursos com as disponibilidades da restrição, não resolve a questão da obtenção da solução básica inicial, pois, ao "zerar" as variáveis originais do modelo $(x_1, x_2, ..., n)$, a variável de folga $(-xF_n)$ assume um valor negativo, infringindo a condição de não negatividade da forma canônica da programação linear.

Ou seja, em $12x_1 + 24x_2 - xF_1 = 30$, se $x_1 = 0$ e $x_2 = 0$, então $- xF_1 = 30$, o que equivale a $xF_1 = -30$. Isso inviabiliza a solução básica inicial do problema, que deve possuir, sem exceção, todas as variáveis básicas (pontos do vértice do polígono) com valores maiores ou iguais a 0 (zero).

Quando uma restrição for do tipo $\geq$, sua variável de folga correspondente será $-xF_n$, o que não permite a determinação da solução básica inicial apenas com a atribuição do valor 0 (zero) às variáveis originais $(x_1, x_2, ..., n)$ do modelo.

O recurso lógico empregado para a obtenção da forma canônica é o acréscimo de uma nova variável à restrição, chamada de **variável artificial**, usualmente representada por S_i.

> **Variável artificial**
> Acréscimo de uma nova variável à restrição.

Para o exemplo descrito, da restrição $12x_1 + 24x_2 \geq 30$, a colocação da variável artificial resulta em:

$$12x_1 + 24x_2 - xF_1 + S_1 = 30$$

Em $12x_1 + 24x_2 - xF_1 + S_1 = 30$, se $x_1 = 0$, $x_2 = 0$ e $xF_1 = 0$, então, $S_1 = 30$, o que atende à forma canônica.

O outro caso em que essa situação pode ocorrer é quando o termo independente b_i tem o sinal lógico de igualdade (=). Nesse caso, há equilíbrio entre os recursos e as disponibilidades da restrição.

Entretanto, ao zerarmos as variáveis originais $(x_1, x_2, ..., n)$ da restrição em busca da solução básica inicial do problema, será criada uma inconsistência matemática. Para ilustrar essa possibilidade, suponhamos uma restrição dada por:

$$3x_1 + 2x_2 = 10$$

Em $3x_1 + 2x_2 = 10$, se $x_1 = 0$ e $x_2 = 0$, então $0 = 10$, o que é totalmente inviável e inaceitável matematicamente ($\nexists$).

Quando uma restrição for de igualdade (=), a simples atribuição do valor 0 (zero) às variáveis originais $(x_1, x_2, ..., n)$ do modelo não gera a solução básica inicial, pois $0 = b_i$ é uma inconsistência matemática para todo valor de b_i diferente de 0 (zero).

Do mesmo modo que nas restrições de limite inferior, o recurso lógico empregado para a obtenção da forma canônica, nesse caso, é o acréscimo de uma nova variável artificial S_i à restrição.

Assim, na restrição $3x_1 + 2x_2 = 10$, tem-se:

$$3x_1 + 2x_2 + S_2 = 10$$

Em $3x_1 + 2x_2 + S_2 = 10$ se $x_1 = 0$ e $x_2 = 0$, então, $S_2 = 10$, o que atende à forma canônica.

A colocação de uma variável artificial (S_i) resolve, portanto, a questão da adequação dos modelos com restrições de limite inferior ($\geq$) e igualdade ($=$) à forma canônica, possibilitando a geração da solução básica inicial.

Ao mesmo tempo, a inclusão de S_i cria um novo problema. Para que se possa calcular a solução básica ótima do modelo de programação linear pelo SIMPLEX, deve-se, antes de qualquer outro procedimento, tornar nulo o valor de qualquer variável artificial (S_i). Na prática, isso significa expulsar todas as variáveis artificiais (S_i) do quadro SIMPLEX antes de dar continuidade ao processo de otimização.

- **O método do "M" grande**

    Para resolver um modelo com restrições $\geq$ ou $=$ pelo SIMPLEX, a primeira medida a ser tomada após a montagem de seu quadro é descartar as variáveis artificiais (S_i).

    A matemática disponibiliza alguns métodos para executar a expulsão das variáveis artificiais. Por entendermos se tratar da técnica mais simples e de menor complexidade algébrica, nesta seção descreveremos o método do "M" grande.

    O método do "M" grande parte do pressuposto de que, como as variáveis artificiais (S_i) não são parte do modelo original, devem ter valor igual a 0 (zero) na função-objetivo ótima (isso só não vai ocorrer quando o modelo não possuir uma solução ótima viável).

    Tendo essa conjectura por base, a ideia central do método é a inserção de um coeficiente M_i, referente à variável artificial (S_i) na função-objetivo do

---

Método do "M" grande
Parte do pressuposto de que, como as variáveis artificiais (Si) não são parte do modelo original, devem ter valor igual a 0 (zero) na função-objetivo ótima, o que só não vai ocorrer quando o modelo não possuir uma solução ótima viável.

Capítulo 6 ▶ Resolução de modelos de programação linear: os métodos algébricos

modelo; o coeficiente M_i é um número tão grande quanto possível (M → ∞) e vai forçar a variável artificial (S_i) a sair da base do SIMPLEX de tal forma que, em modelos de maximização, M tenderá ao *menos infinito* ($-M_i$) e, em modelos de minimização, M tenderá ao *mais infinito* ($+M_i$).

Nessa situação, o critério para determinar a variável que entra na base do SIMPLEX é o de escolha de uma variável não básica que permita que uma das variáveis artificiais seja a variável que sai da base. Logo que todas as variáveis artificiais forem excluídas da base, tanto as colunas do quadro do SIMPLEX dessas variáveis quanto os coeficientes de M_i da linha da função--objetivo também devem ser descartados.

Realizados esses procedimentos, pode-se, então, calcular a solução ótima do modelo pelo método tradicional das seis etapas do SIMPLEX.

A título de elucidação da aplicação do método do "M" grande, vamos resgatar as restrições de limite superior ($12x_1 + 24x_2 \geq 30$) e de igualdade ($3x_1 + 2x_2 = 10$) usadas até aqui como exemplo para o problema da solução básica inicial.

Acrescentaremos às duas restrições uma função-objetivo aleatória, dada por min $Z = 5x_1 + 10x_2$, para que tenhamos um sistema de equações que represente um algoritmo de programação linear. Tem-se, desse modo, o seguinte problema:

$$\max W = -5x_1 - 10x_2$$

s.a:

$$12x_1 + 24x_2 \geq 30$$
$$3x_1 + 2x_2 = 10$$

com

$$x_1 \geq 0; x_2 \geq 0$$

O problema da solução básica inicial, como já foi descrito, se resolve da seguinte maneira:

$$\max W = -5x_1 - 10x_2$$

s.a:

$$12x_1 + 24x_2 - xF_1 + S_1 = 30$$
$$3x_1 + 2x_2 + S_2 = 10$$

com

$$x_1 \geq 0; \ x_2 \geq 0; \ xF_1 \geq 0; \ S_1 \geq 0; \ S_2 \geq 0$$

Entretanto, como a solução básica inicial é formada pelas variáveis artificiais $S_1 = 30$ e $S_2 = 10$, que não fazem parte do modelo original, deve-se usar o método do "M" grande para expulsar S_1 e S_2 do SIMPLEX, a fim de dar continuidade ao processo de otimização.

A primeira providência para aplicar o método do "M" grande é incluir na função-objetivo do modelo o coeficiente M_i para cada variável artificial S_i. Como se trata de um problema de maximização, o coeficiente de M terá sinal negativo.

Para nosso exemplo, a nova função-objetivo com a inclusão das variáveis artificiais S_1 e S_2 e seus respectivos coeficientes $-M_1$ e $-M_2$ é dada por:

$$\max W = -5x_1 - 10x_2 - M_1S_1 - M_2S_2$$

Vamos agora transportar o modelo balanceado do sistema de equações para o *quadro* do método SIMPLEX.

W	x_1	x_2	xF_1	S_1	S_2	b
1	5	10	0	M_1	M_2	0
0	12	24	−1	1	0	30
0	3	2	0	0	1	10

$$W = 0$$

variáveis não básicas: variáveis básicas:

$x_1 = 0$ $S_1 = 30$

$x_2 = 0$ $S_2 = 10$

$xF_1 = 0$

O próximo passo é a expulsão de cada uma das variáveis artificiais S_1 e S_2 do modelo.

Vamos forçar a exclusão de S_1 do quadro SIMPLEX elegendo como variável de entrada uma incógnita que possibilite que a linha de S_1 seja aquela que possua o menor valor positivo da divisão do termo independente pelo coeficiente da variável que entra.

Capítulo 6 ▶ Resolução de modelos de programação linear: os métodos algébricos

Testando x_1 como variável de entrada, pode-se verificar que a variável que sai é S_1, pois a divisão entre o termo independente da 2ª linha (30) e o coeficiente de x_1 dessa mesma linha (12) resulta no quociente de 2,5. Esse valor é menor do que a divisão entre o termo independente da 3ª linha (10) e o coeficiente de x_1 dessa mesma linha (3), que resulta no quociente de 3,3.

entra x_1 sai S_1

Vamos calcular todas as novas linhas para o quadro SIMPLEX. Começaremos o processo pelo cálculo da 2ª linha, que é a nova linha pivô do quadro.

Cálculo da nova linha pivô (2ª linha):

	W	x_1	x_2	xF_1	S_1	S_2	b
2ª linha	0	12	24	−1	1	0	30
				÷12			
nova 2ª linha	0	1	2	$-\dfrac{1}{12}$	$\dfrac{1}{12}$	0	$\dfrac{5}{2}$

→ linha pivô

Cálculo da nova 1ª linha:

	W	x_1	x_2	xF_1	S_1	S_2	b
linha pivô	0	1	2	$-\dfrac{1}{12}$	$\dfrac{1}{12}$	0	$\dfrac{5}{2}$
x(−5)	0	−5	−10	$\dfrac{5}{12}$	$-\dfrac{5}{12}$	0	$-\dfrac{25}{2}$
+ 1ª linha	1	5	10	0	M_1	M_2	0
nova 1ª linha	1	0	0	$\dfrac{5}{12}$	M_1	M_2	$-\dfrac{25}{2}$

Note que qualquer valor subtraído ou somado ao coeficiente M_i resulta no próprio coeficiente M_i.

Introdução à pesquisa operacional

Cálculo da nova 3ª linha:

	W	x_1	x_2	xF_1	S_1	S_2	b
linha pivô	0	1	2	$-\dfrac{1}{12}$	$\dfrac{1}{12}$	0	$\dfrac{5}{2}$
x(−3)	0	−3	−6	$\dfrac{3}{12}$	$-\dfrac{3}{12}$	0	$-\dfrac{15}{2}$
+ 3 linha	0	3	2	0	0	1	10
nova 3ª linha	0	0	−4	$\dfrac{3}{12}$	$-\dfrac{3}{12}$	1	$\dfrac{5}{2}$

O novo quadro SIMPLEX fica assim:

W	x_1	x_2	xF_1	S_1	S_2	b
1	0	0	$\dfrac{5}{12}$	M_1	M_2	$-\dfrac{25}{2}$
0	1	2	$-\dfrac{1}{12}$	$\dfrac{1}{12}$	0	$\dfrac{5}{2}$
0	0	−4	$\dfrac{3}{12}$	$-\dfrac{3}{12}$	1	$\dfrac{5}{2}$

$$Z = -\frac{25}{2}$$

variáveis não básicas: variáveis básicas:

$S_1 = 0$

$x_2 = 0$

$xF_1 = 0$

$x_1 = \dfrac{5}{2}$

$S_2 = \dfrac{5}{2}$

Vamos forçar, desta vez, a expulsão da variável S_2 do modelo.

Capítulo 6 ▶ Resolução de modelos de programação linear: os métodos algébricos

É possível verificar, pelo quadro SIMPLEX, que a linha que possui S_2 como variável básica é a 3ª linha.

Não é necessário nenhum cálculo para determinar que a variável xF_1 é que deve entrar para a saída de S_2. Isso porque, das duas possibilidades existentes (x_2 e xF_1) para entrada na base, a única que possui coeficiente positivo na 3ª linha é xF_1.

entra xF_1 sai S_2

Vamos calcular todas as novas linhas para o quadro SIMPLEX. Começaremos o processo pelo cálculo da 3ª linha, que é a nova linha pivô do quadro.

Cálculo da nova linha pivô (3ª linha):

	W	x_1	x_2	xF_1	S_1	S_2	b
3ª linha	0	0	-4	$\dfrac{3}{12}$	$-\dfrac{3}{12}$	1	$\dfrac{5}{2}$
				$\div \dfrac{3}{12}$			
nova 3ª linha	0	0	$-\dfrac{48}{3}$	1	-1	$\dfrac{12}{3}$	10

→ linha pivô

Cálculo da nova 1ª linha:

	W	x_1	x_2	xF_1	S_1	S_2	b
linha pivô	0	0	$-\dfrac{48}{3}$	1	-1	$\dfrac{12}{3}$	10
$x\left(-\dfrac{5}{12}\right)$	0	0	$\dfrac{20}{3}$	$-\dfrac{5}{12}$	$\dfrac{5}{12}$	$-\dfrac{15}{9}$	$-\dfrac{25}{6}$
+ 1ª linha	1	0	0	$\dfrac{5}{12}$	M_1	M_2	$-\dfrac{25}{2}$
nova 1ª linha	1	0	$\dfrac{20}{3}$	0	M_1	M_2	$-\dfrac{50}{3}$

Cálculo da nova 2ª linha:

	W	x_1	x_2	xF_1	S_1	S_2	b
linha pivô	0	0	$-\dfrac{48}{3}$	1	-1	$\dfrac{12}{3}$	10
$x\left(\dfrac{1}{12}\right)$	0	0	$-\dfrac{12}{9}$	$\dfrac{1}{12}$	$-\dfrac{1}{12}$	$\dfrac{1}{3}$	$\dfrac{5}{6}$
+ 2ª linha	0	1	2	$-\dfrac{1}{12}$	$\dfrac{1}{12}$	0	$\dfrac{5}{2}$
nova 2ª linha	0	1	$\dfrac{2}{3}$	0	0	$\dfrac{1}{3}$	$\dfrac{10}{3}$

O novo quadro SIMPLEX fica assim:

W	x_1	x_2	xF_1	S_1	S_2	b
1	0	$\dfrac{20}{3}$	0	M_1	M_2	$-\dfrac{50}{3}$
0	1	$\dfrac{2}{3}$	0	0	$\dfrac{1}{3}$	$\dfrac{10}{3}$
0	0	$-\dfrac{48}{3}$	1	-1	$\dfrac{12}{3}$	10

$$Z = -\frac{50}{3}$$

variáveis não básicas: variáveis básicas:

$S_1 = 0$

$S_2 = 0$

$x_2 = 0$

$x_1 = \dfrac{10}{3}$

$xF_1 = 10$

Capítulo 6 ▶ Resolução de modelos de programação linear: os métodos algébricos

Pode-se, neste momento, excluir as variáveis S_1 e S_2 do modelo. O novo quadro SIMPLEX é dado por:

W	x_1	x_2	xF_1	b
1	0	$\dfrac{20}{3}$	0	$-\dfrac{50}{3}$
0	1	$\dfrac{2}{3}$	0	$\dfrac{10}{3}$
0	0	$-\dfrac{48}{3}$	1	10

$$Z = -\frac{50}{3}$$

variáveis não básicas: variáveis básicas:

$$x_2 = 0 \qquad\qquad x_1 = \frac{10}{3}$$
$$xF_1 = 10$$

Após expulsar as variáveis artificiais do modelo, encerra-se o método do "M" grande e retomam-se os procedimentos das seis etapas de resolução do método SIMPLEX, descritos na Seção 6.2.2 deste capítulo. Vamos, então, analisar o novo quadro do SIMPLEX para identificar a existência ou não de uma nova solução básica para o modelo.

Como o quadro SIMPLEX não apresenta nenhum coeficiente negativo na linha da função-objetivo transformada, a solução encontrada até aqui é a melhor possível para o nosso problema.

Deve-se, ainda, por se tratar de um modelo de minimização, multiplicar o valor de W por (-1) a fim de obter o valor de Z.

$$Z = -\frac{50}{3} \cdot (-1) = \frac{50}{3}$$

A solução ótima do problema é dada por $Z = \dfrac{50}{3}$, sendo $x_1 = \dfrac{10}{3}$ e $xF_1 = 10$.

6.2.3.3 O empate na variável de entrada

Em alguns casos, pode haver mais de uma variável reunindo as condições para entrada na base de um quadro do SIMPLEX. Nessa situação, de empate entre variáveis, deve-se escolher uma delas de forma arbitrária.

A opção por uma ou outra variável de iguais coeficientes negativos na linha da função-objetivo transformada do quadro não modifica o resultado do modelo. O que pode ocorrer é a escolha de um caminho mais longo (maior número de cálculos) para alcançar o resultado final.

Como exemplo, vamos supor a seguinte função-objetivo de determinado modelo do SIMPLEX:

$$\max Z = 5x_1 + 5x_2$$

A primeira linha do quadro SIMPLEX, que contém a função-objetivo transformada do problema, fica assim representada:

	Z	x_1	x_2	b
1ª linha	1	−5	−5	0

Em nosso exemplo, pode-se escolher tanto x_1 quanto x_2 para entrada na base, pois ambas as variáveis possuem coeficientes iguais (−5) na linha da função-objetivo transformada (1ª linha do quadro).

6.2.3.4 O empate na variável de saída (o problema da degeneração)

Outra possibilidade de ocorrência é o empate, em duas ou mais linhas, dos quocientes resultantes da divisão entre o termo independente (b_i) e o coeficiente da variável que entra na restrição.

Quando houver empate entre as linhas na determinação da variável que sai, deve-se escolher aleatoriamente qualquer uma dessas linhas.

Contudo, diferentemente do empate na variável de entrada, o empate na variável de saída traz algumas consequências importantes ao cálculo SIMPLEX. Uma delas é que, a partir do empate das possíveis variáveis de saída, independentemente da escolha feita, o próximo quadro SIMPLEX vai apresentar uma variável básica com coeficiente nulo.

Capítulo 6 ▶ Resolução de modelos de programação linear: os métodos algébricos

Mesmo que a variável básica com valor nulo saia da base em uma nova iteração do SIMPLEX (novo cálculo do quadro), uma das variáveis básicas do novo quadro assumirá o valor nulo.

A esse processo de surgimento de uma variável básica nula, reiteradamente, na solução SIMPLEX, chamamos de **problema da degeneração**.

Há, ainda, outra consequência no empate da variável de saída. Seguidamente, a degeneração do modelo leva ao cálculo de um novo quadro SIMPLEX, sem, entretanto, a determinação de um valor de Z diferente do obtido no *quadro* anterior. Quando isso ocorre, dizemos que o problema entrou em *looping* ou em circuito fechado.

Vejamos o seguinte exemplo de determinado quadro de resolução do SIMPLEX:

> **Problema de degeneração**
> Processo de surgimento de uma variável básica nula, reiteradamente, na solução SIMPLEX.

Z	x_1	x_2	xF_1	xF_2	b	linha zero
1	−3	6	0	0	18	1ª linha
0	1	2	0	1	10	2ª linha
0	1	4	1	0	10	3ª linha

$$Z = 18$$

variáveis não básicas: variáveis básicas:

$x_1 = 0$ $xF_1 = 10$

$x_2 = 0$ $xF_2 = 10$

Pode-se verificar que a variável que entra é x_1, pois possui coeficiente negativo na 1ª linha do quadro.

Entretanto, há empate entre as variáveis xF_1 e xF_2, candidatas a deixar a base, pois ambas apresentam o quociente 10 na divisão entre o termo independente e o coeficiente de x_1, respectivamente, na 2ª e na 3ª linhas do quadro.

Introdução à pesquisa operacional

Vamos escolher para sair da base, arbitrariamente, a variável xF_2.

Calculando-se o próximo quadro SIMPLEX, teremos as seguintes novas linhas do problema:

Z	x_1	x_2	xF_1	xF_2	b	linha zero
1	0	12	0	3	48	1ª linha
0	1	2	0	1	10	2ª linha
0	0	2	1	−1	0	3ª linha

$$Z = 48$$

variáveis não básicas: variáveis básicas:

$x_2 = 0$ $x_1 = 10$

$xF_2 = 0$ $xF_1 = 0$

É possível observar que a solução da nova iteração é degenerada, pois, entre as variáveis básicas do novo quadro, temos xF_1 com valor nulo. Esse é o resultado típico quando há empate na variável de saída da base.

6.2.3.5 O problema da variável livre

O leitor poderá encontrar, em situações do dia a dia, variáveis que não possuem a condição de não negatividade atendida. Para resolver esse tipo de problema existe uma propriedade matemática muito útil e de fácil aplicação.

Matematicamente, qualquer número pode ser expresso pela diferença entre dois outros números positivos. Nesse caso, fazendo uma adaptação ao SIMPLEX, sempre que houver uma variável nominada como livre em um problema, será suficiente representá-la como a diferença entre duas variáveis positivas.

Por exemplo, no seguinte modelo de programação linear:

$$\max Z = 3x_1 + 2x_2$$

s.a:

$$4x_1 + 3x_2 \leq 12$$

$$1x_1 + 2x_2 \leq 8$$

com

$$x_1 \geq \text{livre}; x_2 \geq 0$$

Como x_1 é uma variável livre, ou seja, não tem a condição de não negatividade respeitada, vamos substituí-la pela diferença entre outras duas variáveis, x_3 e x_4.

$$x_1 = (x_3 - x_4)$$

com

$$x_3 \geq 0; x_4 \geq 0$$

O modelo com essas novas variáveis fica desse modo:

$$\max Z = 3(x_3 - x_4) + 2x_2$$

s.a:

$$4(x_3 - x_4) + 3x_2 \leq 12$$
$$1(x_3 - x_4) + 2x_2 \leq 8$$

com

$$x_2 \geq 0; x_3 \geq 0; x_4 \geq 0$$

Procedida a adequação do modelo, ele pode ser resolvido pelo trâmite normal das etapas do método SIMPLEX.

Ao final da resolução do problema, efetua-se a diferença entre as duas variáveis $(x_3 - x_4)$, a fim de determinar o valor de x_2.

6.2.3.6 O caso das múltiplas soluções

Alguns modelos de programação linear podem apresentar, para um mesmo valor ótimo da função-objetivo dada por Z, diferentes valores nas variáveis básicas que o compõem.

Para identificar se o modelo possui múltiplas soluções, deve-se examinar a linha da função-objetivo transformada do quadro final do SIMPLEX. Se houver alguma variável não básica com coeficiente nulo nessa linha, então o problema admite múltiplas soluções. Vejamos o exemplo que se segue:

Z	x_1	x_2	xF_1	xF_2	b
1	0	0	0	5	45
0	1	0	1	3	5
0	0	1	1	3	10

$$Z = 45$$

variáveis não básicas:	variáveis básicas:
$xF_1 = 0$	$x_1 = 5$
$xF_2 = 0$	$x_2 = 10$

No quadro final do exemplo, pode-se verificar que a variável não básica xF_1 tem coeficiente nulo na 1ª linha.

Isso significa que, se propusermos a entrada de xF_1 na base de um novo quadro SIMPLEX, a solução passará a ser composta pelas variáveis xF_1 e x_2, mantendo, entretanto, o mesmo valor de Z.

O quadro SIMPLEX, quando xF_1 entra na base do quadro final (já com a solução ótima alcançada), fica assim:

Z	x_1	x_2	xF_1	xF_2	b
1	0	0	0	5	45
0	1	0	1	3	5
0	-1	1	0	0	5

$$Z = 45$$

variáveis não básicas:	variáveis básicas:
$x_1 = 0$	$xF_1 = 5$
$xF_2 = 0$	$x_2 = 5$

Com a entrada de xF_1, a variável x_1 sai da base. O leitor pode observar que, após os cálculos das novas linhas, o quadro SIMPLEX retornou um mesmo valor $Z = 45$, havendo apenas a mudança na base da solução, formada agora por $xF_1 = 5$ e $x_2 = 5$.

Além disso, a variável expulsa da base, x_1, possui coeficiente nulo na linha da função-objetivo transformada.

6.2.3.7 O caso das soluções ilimitadas

Quando não houver possibilidade de calcular a variável que sai da base de um *quadro* do SIMPLEX, considera-se o **problema ilimitado**.

Tal fato acontece quando todos os coeficientes da coluna da variável que entra na base do SIMPLEX possuem sinal negativo, conforme se pode verificar no quadro a seguir:

> **Problema ilimitado**
> Quando não houver possibilidade de calcular a variável que sai da base de um *quadro* do SIMPLEX, considera-se o problema ilimitado. Isso acontece quando todos os coeficientes da coluna da variável que entra na base do SIMPLEX possuem sinal negativo.

Z	x_1	x_2	xF_1	xF_2	b
1	0	−3	2	0	100
0	1	−4	4	0	17
0	0	−1	1	1	25

$$Z = 100$$

variáveis não básicas: variáveis básicas:

$xF_1 = 0$ $x_1 = 17$

$x_2 = 0$ $xF_2 = 25$

Em nosso exemplo, a variável que deve entrar na base é x_2. Entretanto, ao analisar a coluna da variável x_2, verifica-se que todos os coeficientes dessa coluna possuem sinal negativo.

Desse modo, no procedimento de cálculo da variável que sai da base, o quociente entre a divisão do termo independente e o coeficiente da variável que entra na base na linha da restrição será negativo, o que fere o critério de não negatividade da programação linear.

Considera-se, nesse caso, como solução final do problema, o último valor de Z atingido antes de o modelo se tornar ilimitado. Em nosso exemplo, $Z = 100$.

▶ DESTAQUES DO CAPÍTULO

Este capítulo abordou a resolução de modelos de programação linear por meio dos métodos algébricos.

Em um primeiro momento, expôs as bases que fundamentam matematicamente os métodos algébricos. Para tanto, aprofundou a discussão sobre os pressupostos da teoria dos conjuntos convexos, iniciada quando da apresentação do método gráfico de resolução de modelos de programação linear.

Na sequência foram descritas as seis etapas para a resolução algébrica dos modelos de programação linear usando o SIMPLEX. Foram detalhados as etapas de redução à forma canônica, a construção do quadro inicial do SIMPLEX, a determinação da solução básica inicial, a definição da variável que entra e da variável que sai da base, o cálculo da nova solução básica e o teste da nova solução básica.

O capítulo abordou ainda os casos especiais da minimização, da solução básica inicial, do empate nas variáveis de entrada e do empate nas variáveis de saída, do problema da variável livre, além dos casos em que ocorrem as múltiplas soluções ou soluções ilimitadas.

▶ ATIVIDADES NA INTERNET

Forme um grupo com mais dois colegas de turma da disciplina de Pesquisa Operacional.

A tarefa da equipe consiste em pesquisar na *web* notícias e artigos que tratem do método SIMPLEX.

O professor vai dividir os grupos de pesquisa segundo três focos de busca principais: artigos sobre o criador do método, George Dantzig; artigos sobre aplicações do SIMPLEX em áreas importantes da sociedade (saúde, educação, finanças etc.); artigos que propõem inovações matemáticas ou variações ao método.

Cada grupo deverá, sob a orientação do professor da disciplina, preparar uma pequena apresentação sobre seu artigo em PowerPoint e exibir aos demais colegas da turma.

▶ EXERCÍCIOS DE REVISÃO

Resolva os algoritmos de programação linear usando o método algébrico SIMPLEX.

1. $\max Z = 15x_1 + 10x_2$

s.a:

$$4x_1 + 12x_2 \leq 36$$
$$15x_1 + 30x_2 \leq 90$$
$$x_1 \leq 40$$
$$x_1 \geq 0; x_2 \geq 0$$

2. $\min Z = 20x_1 + 30x_2$

s.a:

$$2x_1 + 6x_2 \geq 18$$
$$30x_1 + 15x_2 \geq 90$$
$$3x_1 + 6x_2 \geq 30$$
$$x_1 \geq 0; x_2 \geq 0$$

Capítulo 6 ▶ Resolução de modelos de programação linear: os métodos algébricos

3. max $Z = 2x_1 + 3x_2 + 4x_3$

s.a:

$$7x_1 + 5x_2 + 5x_3 \le 35$$
$$12x_1 + 6x_2 + 8x_3 \le 72$$
$$x_1 + x_2 \le 16$$
$$x_1 \ge 0; x_2 \ge 0; x_3 \ge 0$$

4. min $Z = 7x_1 + 5x_2 + 3x_3$

s.a:

$$3x_1 + 4x_2 + 5x_3 \ge 120$$
$$6x_1 + 6x_2 + 3x_3 \ge 72$$
$$x_1 + x_2 + x_3 = 60$$
$$x_1 \ge 0; x_2 \ge 0; x_3 \ge 0$$

5. max $Z = 8x_1 + 4x_2 + 4x_3$

s.a:

$$4x_1 - 5x_2 + 3x_3 \le 30$$
$$x_1 + x_2 + 3x_3 \le 60$$
$$x_1 \ge 0; x_2 \to \text{livre}; x_3 \ge 0$$

6. min $Z = 3x_1 + 4x_2 + 2x_3 + 5x_4$

s.a:

$$4x_1 + 2x_2 + x_3 + 2x_4 \ge 100$$
$$x_1 + 3x_2 + 4x_3 + 7x_4 \ge 150$$
$$x_1 \ge 0; x_2 \ge 0; x_3 \ge 0; x_4 \ge 0$$

7. min $Z = 2x_1 + 3x_2 + 2x_3 + x_4 + 2x_5$

s.a:

$$4x_1 + 2x_2 + x_4 + x_5 \ge 12$$
$$2x_1 - 3x_2 + 6x_3 + 7x_4 + 5x_5 \ge 14$$
$$x_1 \ge 0; x_2 \ge 0; x_3 \ge 0; x_4 \ge 0; x_5 \ge 0$$

8. max $Z = 6x_1 + 12x_2$

s.a:

$$2x_1 + 2x_2 \le 8$$
$$3x_1 + 4x_2 \le 12$$
$$x_1 \ge 0; x_2 \ge 0$$

9. max $Z = 2x_1 + 6x_2$

s.a:

$2x_1 + 4x_2 \leq 8$

$2x_1 + 2x_2 \leq 12$

$2x_1 + 6x_2 \leq 18$

$x_1 \geq 0; x_2 \geq 0$

10. min $Z = 70x_1 + 90x_2 + 30x_3$

s.a:

$11x_1 + 4x_2 + 8x_3 \geq 440$

$2x_1 + 4x_2 + x_3 = 120$

$x_1 \geq 0; x_2 \geq 0; x_3 \geq 0$

11. Resolva o problema 6 da seção de exercícios de revisão do Capítulo 4 pelo método SIMPLEX. Qual é a quantidade a ser produzida dos produtos P_1, P_2 e P_3 a fim de obter o lucro ótimo?

12. Um artesão, aproveitando a atual onda de *revival* dos anos 1970, resolveu produzir dois tipos de camisetas de *rock'n'roll* e vendê-las para lojas de shoppings de fábrica, bem como em seu site na internet. A demanda pelas camisetas superou as expectativas do artesão e ele está com dificuldades para dar conta da produção. Por questões de saúde, ele pode trabalhar no máximo 40 horas por semana. Além disso, a disponibilidade semanal de tecido para a produção de camisetas é de 60 metros, no total. A camiseta com gola redonda e manga curta leva 1 hora para ser confeccionada, utiliza 0,6 metro de tecido e gera um lucro de R$ 30,00. A camiseta com gola polo, manga curta e bolso precisa de 2 horas para ser produzida, usa 1,0 metro de tecido e retorna um lucro de R$ 45,00.

Determine, por meio do método SIMPLEX, o número de unidades de cada um dos tipos de camiseta que o artesão deve produzir semanalmente, se seu objetivo for a maximização do lucro total.

13. A Super Dog fabrica dois tipos de ração para cachorro: Monarca e Yarabitã. Cada pacote de Monarca contém 2,0 quilos de cereal e 3,0 quilos de carne; cada pacote de Yarabitã contém 3,0 quilos de cereal e 1,5 quilos de carne. A Super Dog acredita que pode vender tanto ração para cachorro quanto puder produzir. A ração Monarca é vendida por R$ 2,80 o pacote; a ração Yarabitã é vendida a R$ 2,00 o pacote. A produção da Super Dog é limitada de diversas maneiras. Primeiro, a empresa pode comprar, no máximo, 400 quilos de cereal por mês, a R$ 0,20 o quilo, e até 300 quilos de carne por mês a R$ 0,50 o quilo. Além disso, é necessária uma máquina especial para fabricar a ração Monarca, que tem capacidade para fabricar 90 pacotes por mês. O custo da embalagem de ração para cachorro é de R$ 0,25 por pacote para a Monarca e de R$ 0,20 por pacote para a Yarabitã.

Determine, por meio do método SIMPLEX, o *mix* ótimo de fabricação das rações Monarca e Yarabitã, de modo a maximizar o lucro da empresa.[8]

---

8 Adaptado de REID, R.; SANDERS, N. *Gestão de operações*. Rio de Janeiro: LTC, 2005.

Capítulo 6 ▶ Resolução de modelos de programação linear: os métodos algébricos

▶ ESTUDO DE CASO

A onda de crescimento vivenciada pelo segmento de produção de bens manufaturados a partir da expansão econômica brasileira, na última década, trouxe consigo a necessidade do aperfeiçoamento dos processos e a modernização das fábricas de acordo com os novos avanços tecnológicos.

Dentro desse cenário, não é mais aceitável a existência de capacidade ociosa em uma empresa. A ociosidade ocorre quando as máquinas, matérias-primas ou mão de obra são subutilizadas, isto é, não são aproveitadas na plenitude da quantidade disponibilizada.

Entretanto, a Kaixas Ltda., empresa tradicional no ramo de confecção de caixas de papel ondulado, está enfrentando o problema da ociosidade em três de suas fábricas, A, B e C, localizadas em diferentes regiões geográficas.

Ela quer aproveitar a ociosidade das três fábricas para produzir caixas de papel ondulado em três tamanhos: pequeno, médio e grande.

Um estudo do Departamento Comercial da empresa revelou que a empresa possui demanda reprimida diária e que é possível vender, além do que já é produzido usualmente, até 800 unidades de caixas de tamanho pequeno, 750 unidades de caixas de tamanho médio e 500 unidades de caixas de papel tamanho grande.

A produção das caixas de papel nos tamanhos pequeno, médio e grande gera um lucro unitário de, respectivamente, R$ 1,90, R$ 2,10 e R$ 2,50, independentemente da fábrica onde elas são fabricadas.

As fábricas A, B e C da Kaixas Ltda. possuem mão de obra e maquinaria ociosa para produzir, respectivamente, 500, 800 e 600 unidades de caixas de papel ondulado por dia, não importando o tamanho das caixas.

As fábricas possuem restrição diária para armazenagem de produtos, o que limita a produção das caixas de papel ondulado. A fábrica A possui 1.100 metros quadrados de espaço disponível para armazenagem das caixas; a fábrica B possui 950 metros quadrados de área, que pode ser usada para armazenagem; e a fábrica C tem 1.300 metros quadrados à disposição.

Cada caixa de tamanho grande ocupa 1,2 metros quadrados de espaço; uma unidade da caixa de tamanho médio usa 0,9 metros quadrados de área; a caixa de papel tamanho pequeno requer, cada uma, 0,7 metros quadrados.

A diretoria da Kaixas Ltda. deseja, ainda, que o nível de produção entre as três fábricas seja equalizado com a distribuição uniforme da capacidade ociosa de mão de obra e maquinaria entre elas. Isso quer dizer, na prática, que as três fábricas devem utilizar a mesmo percentual de mão de obra e maquinaria na manufatura das caixas de papel.[9]

Questões:

1. Determine a quantidade diária a ser produzida de caixas de papel nos tamanhos grande, médio e pequeno.

2. Qual é o lucro ótimo a ser alcançado com o planejamento proposto?

---

9 Adaptado de HILLIER, F.; LIEBERMAN, G. *Introdução à pesquisa operacional*. São Paulo: Campus, 1988; HILLIER, F.; LIEBERMAN, G. *Introdução à pesquisa operacional*. São Paulo: McGraw-Hill, 2006.

▶ REFERÊNCIAS

BRONSON, R. *Pesquisa operacional*. São Paulo: McGraw-Hill do Brasil, 1985.

DANTZIG, G. *Linear Programming and Extensions*. New Jersey: Princeton University Press, 1998.

HILLIER, F.; LIEBERMAN, G. *Introdução à pesquisa operacional*. São Paulo: Campus, 1988.

_____.; _____. *Introdução à pesquisa operacional*. São Paulo: McGraw-Hill, 2006.

PUCCINI, A. L. *Introdução à programação linear*. Rio de Janeiro: LTC, 1972.

REID, R.; SANDERS, N. *Gestão de operações*. Rio de Janeiro: LTC, 2005.

TAHA, H. *Operations research*: an introduction. New Jersey: Prentice-Hall, 1997.

YOSHIDA, L. K. *Programação linear*. São Paulo: Atual, 1987.

Resolução de modelos de programação linear: a dualidade

Os Capítulos 5 e 6 delinearam o processo de resolução dos modelos de otimização de programação linear por meio do emprego dos métodos gráfico e algébrico.

Se o praticante da pesquisa operacional possuir domínio da utilização tanto do método gráfico quanto do método algébrico SIMPLEX, ambos com baixo grau de complexidade matemática, poderá resolver qualquer gama de problemas que envolvam relações lineares entre o objetivo desejado e as limitações de recursos disponíveis.

Imagine, entretanto, se for possível optar por qual estrutura matemática de modelo se deseja resolver o modelo de programação linear. Isso significa poder escolher entre solucionar determinado modelo como sendo de maximização ou de minimização, bem como eleger o tipo de sinal (≤; =; ≥) das restrições.

Tal alternativa existe, e ela nos é propiciada por meio de modelos duais da programação linear.

Os modelos duais também são bastante úteis quando há, por exemplo, limitação de entrada do número de variáveis (colunas) ou de restrições (linhas) em um *software* de resolução de problemas de programação linear.

Deve-se, contudo, salientar que a dualidade não consiste em uma nova forma de cálculo para os algoritmos. É apenas um rearranjo lógico para a estrutura algébrica de um mesmo problema.

Sob essa perspectiva, este capítulo vai demonstrar ao leitor como fazer uso dos modelos duais da programação linear. Para tanto, a dualidade será definida, assim como será detalhado o processo de transformação de um modelo primal de programação linear em seu respectivo modelo dual. Também será explicada a conversão dual para as exceções da variável livre e da restrição com sinal de igualdade. Por último, será realizada a análise da relação entre a solução ótima de um modelo primal e a solução ótima do mesmo modelo em sua forma dual.

7.1 DEFINIÇÃO DE DUALIDADE

Dualidade
Possibilidade de existência matemática de um algoritmo simétrico (*dual*) para todo modelo original (*primal*) de programação linear que conduz a uma mesma solução.

Diversos autores[1] conceituam a **dualidade** como a possibilidade de existência matemática de um algoritmo simétrico (*dual*) para todo modelo original (*primal*) de programação linear que conduz a uma mesma solução.

Por entender que esse conceito pode ser um tanto abstrato para o leitor que está tendo seu primeiro contato com a pesquisa operacional, há algum tempo tenho usado uma analogia para facilitar aos meus alunos o entendimento da dualidade.[2]

Imagine o momento em que você se vê diante de um espelho. Sua imagem é simetricamente a mesma, mas está invertida. Pode-se dizer que o mesmo ocorre com um problema primal transformado em dual. Como se fosse a imagem do algoritmo primal refletida em um espelho, o algoritmo dual terá os mesmos coeficientes, porém dispostos de maneira diferente.[3]

À solução do algoritmo dual também corresponderá a mesma solução do algoritmo primal. Note que, quando estamos trabalhando com um modelo *dual*, chamamos ao modelo inicial, que lhe deu origem, de *modelo primal*.

7.2 O PROCESSO DE CONVERSÃO DE UM ALGORITMO *PRIMAL* EM *DUAL*

Existe um protocolo para a conversão de um algoritmo primal em seu correspondente dual. Inicialmente, se definem as variáveis duais e o número de restrições do modelo dual. Na sequência, a função-objetivo dual é estabelecida. Por fim, as restrições duais são implementadas.

---

1 PUCCINI, A. L. *Introdução à programação linear*. Rio de Janeiro: LTC, 1972; HILLIER, F.; LIEBERMAN, G. *Introdução à pesquisa operacional*. São Paulo: McGraw-Hill, 2006; TAHA, H. *Pesquisa operacional*. São Paulo: Pearson Prentice-Hall, 2008.

2 LONGARAY, A. A. *Notas de aula da disciplina de pesquisa operacional*. Rio Grande: FURG, 2000.

3 PUCCINI, 1972.

| Capítulo 7 | ▶ | Resolução de modelos de programação linear: a dualidade |

7.2.1 Definição das variáveis e do número de restrições do dual

A definição das variáveis duais de um problema está diretamente relacionada ao número de restrições de seu modelo primal. Desse modo, o modelo dual terá um número de variáveis duais na mesma proporção do número de restrições do modelo primal.

A variável dual será representada, matematicamente, por y_n, onde n remete ao número da restrição do primal da qual ela foi originada.

Vejamos, como exemplo, o seguinte modelo primal:

$$\min Z = 20x_1 + 30x_2$$

s.a:

$$x_1 + 6x_2 \geq 18$$
$$30x_1 + 15x_2 \geq 90$$
$$3x_1 + 6x_2 \geq 30$$
$$x_1 \geq 0; x_2 \geq 0$$

Como o modelo primal do exemplo apresentado possui três restrições, seu modelo dual será composto por *três variáveis duais*, y_1, y_2 e y_3, oriundas, respectivamente, da primeira, da segunda e da terceira restrição do problema.

Em outro sentido, a determinação do número de restrições do modelo dual está ligada ao número de variáveis do modelo primal. Assim, o número de variáveis originais $(x_1, x_2, ..., x_n)$ do modelo primal indica a quantidade de restrições do modelo dual.

Para o nosso exemplo, em que o algoritmo primal é formado pelas variáveis x_1 e x_2, teremos o modelo dual composto de *duas restrições*.

Após serem estabelecidos o número de variáveis e a quantidade de restrições que vão formar o modelo dual, pode-se, então, iniciar o processo de conversão da função-objetivo e das restrições do modelo primal em seu correspondente algoritmo dual.

7.2.2 Elaboração da função-objetivo do modelo dual

Como já foi visto no Capítulo 4, a função-objetivo de um modelo de programação linear é formada por seu objetivo (maximização ou minimização) e o somatório dos produtos entre os coeficientes do objetivo e as variáveis $(x_1, x_2, ..., x_n$ ou $y_1, y_2, ..., y_n)$ do modelo.

Objetivo

O objetivo de um modelo dual será sempre o oposto de seu primal, ou seja, um objetivo primal de minimização gera um objetivo dual de maximização e vice-versa.

Coeficiente

Na função-objetivo dual, o termo independente (b_i) de uma restrição primal (valor do lado direito da inequação) será o coeficiente da variável dual oriunda dessa restrição.

Nesse sentido, o **objetivo** de um modelo dual será sempre o oposto de seu primal, ou seja, um objetivo primal de minimização gera um objetivo dual de maximização e vice-versa.

O objetivo dual é representado por D (em vez de Z).

Na função-objetivo dual, o termo independente (b_i) de uma restrição primal (valor do lado direito da inequação) será o **coeficiente** da variável dual oriunda dessa restrição.

Retomando o exemplo desta seção, tem-se a seguinte função-objetivo *dual*:

$$\max D = 18y_1 + 90y_2 + 30y_3$$

Note que a função-objetivo dual (D) do nosso exemplo é formada pelo objetivo de maximização (o objetivo primal é de minimização), três variáveis duais, y_1, y_2 e y_3 (pois o modelo primal possui três restrições), e pelas componentes 18 (termo independente da primeira restrição primal), 90 (termo independente da segunda restrição primal) e 30 (termo independente da terceira restrição primal).

7.2.3 Estabelecimento das restrições do modelo dual

A restrição de um modelo de programação linear é formada pelo lado esquerdo (variáveis e seus coeficientes), por um sinal lógico ($\leq$, $=$, $\geq$), e pelo lado direito (termo independente) de uma expressão matemática.

Como já se sabe, cada variável de decisão do primal origina uma restrição do modelo dual. Desse modo, o *lado esquerdo* de uma restrição dual é formado pela coluna dos coeficientes da variável que o origina no modelo primal, multiplicados, termo a termo, pela variável dual oriunda da respectiva restrição primal.

| Capítulo 7 | ▶ Resolução de modelos de programação linear: a dualidade |

O *sinal lógico* da restrição dual será sempre o oposto da restrição do modelo primal. Isto é, se no primal tivermos restrições com o sinal ≥, as restrições do dual serão do tipo ≤.

O *termo independente* (c_i) de uma restrição do dual corresponde ao coeficiente da variável que originou essa restrição na linha da função-objetivo do primal.

Em nosso exemplo, a primeira restrição dual é dada por:

$$1y_1 + 30y_2 + 30y_3 \leq 20$$

Os coeficientes do lado esquerdo da primeira restrição dual foram retirados da coluna da variável x_1 nas três restrições do modelo primal e multiplicados por suas respectivas variáveis duais, y_1, y_2 e y_3.

Como as restrições do primal do nosso exemplo são todas com sinal ≥, o sinal da restrição dual é ≤.

O lado direito da primeira restrição do dual é o coeficiente da variável x_1 na função-objetivo primal.

Seguindo os mesmos passos, temos a segunda restrição dual para nosso exemplo, advinda da variável x_2:

$$6y_1 + 15y_2 + 6y_3 \leq 30$$

As variáveis duais devem obedecer à condição da não negatividade da programação linear com $y_1 \geq 0$; $y_2 \geq 0$ e $y_3 \geq 0$.

Para nosso exemplo, o modelo *dual* completo fica assim:

$$\max D = 18y_1 + 90y_2 + 30y_3$$

s.a:

$$1y_1 + 30y_2 + 3y_3 \leq 20$$
$$6y_1 + 15y_2 + 6y_3 \leq 30$$
$$y_1 \geq 0; y_2 \geq 0 \ e \ y_3 \geq 0$$

7.3 AS EXCEÇÕES DA VARIÁVEL LIVRE E DAS RESTRIÇÕES COM SINAL DE IGUALDADE

No processo de conversão de um modelo primal para um modelo dual, detalhado anteriormente, as únicas situações ainda possíveis e que não foram contempladas

Introdução à pesquisa operacional

são os casos em que se tem uma variável livre no algoritmo primal ou em que uma das restrições possui sinal lógico de igualdade. As duas possibilidades são de fácil resolução.

Quando o modelo primal possuir uma de suas variáveis *livre* de sinal, a restrição dual oriunda dessa variável terá como sinal lógico o sinal de igualdade (=).

Suponha, por exemplo, o seguinte modelo *primal*:

$$\text{maz } Z = 4x_1 + 6x_2$$

s.a:

$$2x_1 + 3x_2 \leq 8$$
$$6x_1 + 7x_2 \leq 10$$
$$x_1 \geq 0; x_2 \rightarrow \text{livre}$$

Seu modelo *dual* correspondente será:

$$\min D = 8y_1 + 10y_2$$

s.a:

$$2y_1 + 6y_2 \geq 4$$
$$3y_1 + 7y_2 = 6$$
$$y_1 \geq 0 \text{ e } y_2 \geq 0$$

No caso oposto, em que a restrição do modelo primal possuir *sinal de igualdade*, a variável do modelo dual correspondente será livre de sinal.

Tomando por exemplo o seguinte modelo *dual*:

$$\min Z = 13x_1 + 12x_2 + 14x_3$$

s.a:

$$3x_1 + 2x_2 + 4x_3 \geq 17$$
$$6x_1 + 9x_2 + 2x_3 \geq 23$$
$$1x_1 + 1x_2 + 1x_3 = 10$$
$$x_1 \geq 0; x_2 \geq 0 \text{ e } x_3 \geq 0$$

Seu modelo *dual* será:

$$\max D = 17y_1 + 23y_2 + 10y_3$$

s.a:

$$3y_1 + 6y_2 + 1y_3 \leq 13$$
$$2y_1 + 9y_2 + 1y_3 \leq 12$$
$$4y_1 + 2y_2 + 1y_3 \leq 14$$
$$y_1 \geq 0; y_2 \geq 0 \text{ e } y_3 \rightarrow \text{livre}$$

7.4 ANALOGIA ENTRE AS SOLUÇÕES *PRIMAL* E *DUAL*

Até agora, vimos a possibilidade de uso da dualidade para converter um modelo primal de programação linear em seu oposto simétrico, o modelo dual. O intuito de tal transformação, usualmente, se explica pelo menor número de cálculos a serem executados no dual em comparação ao primal do qual foi derivado.

Há, contudo, outras finalidades que justificam o uso da dualidade em modelos de programação linear. Uma delas é a análise dos coeficientes do quadro final SIMPLEX da solução ótima do dual, com fins de interpretação econômica de um problema (esse assunto será abordado no Capítulo 8).

Neste momento o que se pretende é demonstrar ao leitor que nem sempre é necessário transformar um algoritmo primal em seu relativo modelo dual e realizar todo o processo de cálculo SIMPLEX para obter o quadro final de solução ótima do dual.

Desde que tenhamos o quadro final SIMPLEX da solução ótima do primal, poderemos proceder à conversão deste para o quadro final SIMPLEX da solução ótima dual. Tal transformação é viável devido à existência de uma correlação entre as variáveis primais e duais, a partir de seus valores na base e de seus valores nos coeficientes da função-objetivo do *tableau* SIMPLEX. A Figura 7.1 expressa tal relação:

Figura 7.1 Relação entre os valores e coeficientes das variáveis primais e duais

Valor de	Coeficiente na função-objetivo de
x_i	yF_i
xF_i	y_i
y_i	xF_i
yF_i	x_i

Um olhar atento à Figura 7.1 permite verificar que, para o valor de determinada variável primal de índice i, sempre haverá um correspondente coeficiente de uma variável na função-objetivo dual, de mesmo valor e índice.

Da mesma forma, para o valor de determinada variável dual de índice i sempre haverá um correspondente coeficiente de uma variável na função-objetivo primal, de mesmo valor e índice.

Como acréscimo, deve-se, ainda, relacionar o valor do termo independente b_i de Z ao valor do termo independente (c_i) de D na linha da função-objetivo transformada do *tableau* final SIMPLEX.

Suponha, a título de exemplo, o seguinte modelo de programação linear em sua forma *primal*:

$$\max Z = 2x_1 + 3x_2$$

s.a:

$$10x_1 + 15x_2 \leq 30$$
$$8x_1 + 12x_2 \leq 64$$
$$x_1 \geq 0; x_2 \geq 0$$

Resolvendo pelo método algébrico SIMPLEX, chegaremos ao seguinte quadro final de solução ótima:

Z	x_1	x_2	xF_1	xF_2	b_i
1	0	0	0,20	0	6
0	0,67	1	0,07	0	2
0	0	0	−0,80	1	40

$$Z = 6$$

variáveis não básicas: variáveis básicas:

$x_1 = 0$ $x_2 = 2$

$xF_1 = 0$ $xF_2 = 40$

Vamos preencher o quadro final SIMPLEX do modelo dual utilizando a relação lógica apresentada na Figura 7.1.

D	y_1	y_2	yF_1	yF_2	c_i
-1		40		2	-6
0	1		0		0,20
0	0		1		0

$$-D = -6$$

variáveis não básicas:	variáveis básicas:
$y_2 = 0$	$y_1 = 0,20$
$yF_2 = 0$	$yF_1 = 0$

A análise conjunta dos quadros permite verificar que o valor de $Max\ Z = 6$ no quadro SIMPLEX da solução final do problema primal equivale ao valor $Min\ D = 6$ no último *tableau* SIMPLEX de solução dual (note que o sinal negativo apenas indica que a função-objetivo dual do exemplo é de minimização).

O valor da variável básica $x_2 = 2$ no primal passa a figurar como o coeficiente da variável dual $yF_2 = 2$. Já o valor da variável básica $xF_2 = 40$ no quadro final do primal transforma-se no coeficiente da variável dual $y_2 = 40$.

O valor do coeficiente de $x_1 = 0$ na linha da função-objetivo transformada do primal remete ao valor da variável básica $yF_1 = 0$ no *tableau* dual.

O valor do coeficiente de $xF_1 = 0,20$ na linha da função-objetivo transformada do primal remete ao valor da variável básica $y_1 = 0,20$ no *tableau* dual.

Essa analogia entre os quadros de solução final do primal e do dual será de grande utilidade sempre que for necessária a interpretação da solução dual tendo como dados disponibilizados para referência apenas o último *tableau* do SIMPLEX primal.

▶ DESTAQUES DO CAPÍTULO

Este capítulo procurou demonstrar ao leitor como fazer uso dos modelos duais da programação linear. Para tanto, a *dualidade* foi definida. Além disso, foi demonstrada a relação de simetria guardada entre um modelo primal e seu correspondente modelo dual, em que as variáveis de um originam as restrições do outro e vice-versa. Nessa situação, a função-objetivo dual é sempre o oposto da função-objetivo primal.

Foi detalhado todo o processo de transformação de um modelo primal de programação linear em seu respectivo modelo dual. Tal processo ocorre em três etapas: a definição das variáveis duais e do número de restrições, a construção da função-objetivo dual e a elaboração das restrições do modelo dual.

Também foram abordadas as condições de exceção da dualidade. A conversão primal-dual para as exceções da variável livre e da restrição com sinal de igualdade foi explicada e demonstrada.

Por fim, foram especificados os passos para transformação de um *tableau* SIMPLEX de solução final primal para um quadro de solução final dual. A relação entre a solução ótima de um modelo primal e a solução ótima do mesmo modelo em sua forma dual ficou evidenciada.

▶ ATIVIDADES NA INTERNET

A turma de pesquisa operacional deverá ser dividida em grupos de cinco componentes. Cada grupo ficará encarregado de realizar uma pesquisa em busca de artigos sobre o tema *Aplicação de modelos duais de programação linear* no portal de periódicos Scielo,[4] nas seguintes revistas:

- *Produção;*
- *Gestão e Produção;*
- *Pesquisa Operacional.*

Feita a pesquisa, as equipes deverão trazer para sala de aula três artigos científicos sobre o tema *dualidade* que tenham sido publicados em um desses três periódicos científicos.

Em sala de aula, sob a orientação do professor, os grupos trocarão entre si um desses artigos. A escolha dos grupos com os quais os artigos serão trocados será feita mediante sorteio.

As equipes terão 50 minutos para a leitura e a preparação de um pequeno esboço sobre o tema, os objetivos e o desenvolvimento do artigo que ficou a seu encargo.

O professor organizará a ordem de apresentação de cada grupo, que terá 10 minutos para fazer uma explanação oral sobre seu artigo aos demais membros da turma.

▶ EXERCÍCIOS DE REVISÃO

Faça a conversão dos seguintes modelos primais de programação linear para o respectivo algoritmo em sua forma dual.

1. $\min Z = 11x_1 + 22x_2$

s.a:

$1x_1 + 3x_2 \geq 7$

$6x_1 + 4x_2 \geq 14$

$3x_1 + 1x_2 \geq 10$

$x_1 \geq 0; x_2 \geq 0$

---

4 Disponível em: <http://www.scielo.br>. Acesso em: 4 maio 2013.

Capítulo 7 ▶ Resolução de modelos de programação linear: a dualidade

2. max $Z = 8x_1 + 9x_2 + 7x_3$

s.a:

$34x_1 + 23x_2 + 21x_3 \leq 143$

$5x_1 + 9x_2 + 3x_3 \leq 45$

$2x_1 + 1x_2 + 3x_3 \leq 18$

$x_1 \geq 0; x_2 \geq 0; x_3 \geq 0$

3. min $Z = 2x_1 + 5x_2 + 2x_3 + 5x_4$

s.a:

$4x_1 + 2x_2 + x_3 + 2x_4 \geq 100$

$x_1 + 3x_2 + 4x_3 + 7x_4 \geq 150$

$2x_1 + 1x_2 + 3x_3 + 1x_4 \geq 200$

$x_1 \geq 0; x_2 \geq 0; x_3 \geq 0; x_4 \geq 0$

4. max $Z = 2x_1 + 3x_2 + 1x_3 + 4x_4 + 2x_5$

s.a:

$2x_1 - 3x_2 + 6x_3 + 7x_4 + 5x_5 \leq 42$

$3x_1 + 1x_2 + 2x_3 + 4x_4 + 2x_5 \leq 68$

$x_1 \geq 0; x_2 \geq 0; x_3 \geq 0; x_4 \geq 0; x_5 \geq 0$

5. max $Z = 8x_1 + 4x_2 + 4x_3$

s.a:

$4x_1 - 5x_2 + 3x_3 \leq 30$

$1x_1 + 1x_2 + 3x_3 \leq 6$

$x_1 \geq 0; x_2 \rightarrow \text{livre}; x_3 \geq 0$

6. min $Z = 70x_1 + 90x_2 + 30x_3$

s.a:

$11x_1 + 4x_2 + 8x_3 \geq 440$

$2x_1 + 4x_2 + 1x_3 = 120$

$x_1 \geq 0; x_2 \geq 0; x_3 \geq 0$

7. max $Z = 20x_1 + 30x_2 + 50x_3$

s.a:

$12x_1 + 14x_2 + 18x_3 \leq 263$

$1x_1 + 13x_2 + 21x_3 \leq 251$

$x_1 \geq 0; x_2 \geq 0; x_3 \geq 0$

8. max $Z = 3x_1 + 1x_2 + 2x_3$

s.a:

$2x_1 - 3x_2 + 3x_3 \leq 50$
$1x_1 + 1x_2 + 2x_3 = 40$
$x_1 \rightarrow$ livre; $x_2 \geq 0; x_3 \geq 0$

9. Dado o seguinte modelo de programação linear,

max $Z = 15x_1 + 20x_2$

s.a:

$4x_1 + 8x_2 \leq 16$
$6x_1 + 4x_2 \leq 12$
$x_1 \geq 0; x_2 \geq 0$

tendo como *tableau* SIMPLEX de solução ótima primal:

Z	x_1	x_2	xF_1	xF_2	B
1	0	0	$\dfrac{15}{8}$	$\dfrac{5}{4}$	45
0	0	1	$\dfrac{3}{16}$	$-\dfrac{1}{8}$	$\dfrac{3}{2}$
0	1	0	$-\dfrac{1}{8}$	$\dfrac{1}{4}$	1

proceda à conversão para o quadro SIMPLEX de solução ótima dual.

10. Converta o algoritmo de programação linear primal em dual e determine a solução ótima. Depois, converta o quadro SIMPLEX final dual no *tableau* SIMPLEX final primal.

min $Z = 4x_1 + 3x_2 + 1x_3$

s.a:

$2x_1 + 4x_2 + 3x_3 \geq 72$
$8x_1 + 7x_2 + 5x_3 \geq 106$
$2x_1 + 3x_2 + 8x_3 \geq 94$
$x_1 \geq 0; x_2 \geq 0; x_3 \geq 0$

Capítulo 7 ▶ Resolução de modelos de programação linear: a dualidade

▶ ESTUDO DE CASO

A aviação civil é o modal do setor de transportes de passageiros que mais cresceu no Brasil nos últimos anos, comparativamente aos demais modais de transporte (marítimo, fluvial, rodoviário e ferroviário).

Para termos uma ideia desse aumento, de acordo com a Agência Nacional de Aviação Civil (ANAC), de 2003 a 2010, o setor cresceu 118% em nosso país, enquanto no restante do mundo a expansão, no mesmo período, não ultrapassou os 40%.[5]

Inserida nesse cenário, a empresa aérea KWM quer traçar um planejamento que viabilize o melhor aproveitamento das suas aeronaves e resulte em menores custos operacionais, o que refletirá em promoções para vendas de bilhetes aéreos com tarifas reduzidas aos seus clientes.

Para estabelecer seu novo programa de voos, a KWM conta com as seguintes aeronaves e suas especificações:

Avião	Carga máxima (nº passageiros)	Disponibilidade de aeronaves
DC 10	250	3
DC 03	300	2
BG 727	200	9
BG 737	250	11
FK 100	100	7

O quadro abaixo demonstra os custos envolvidos com o transporte (custo aeronave por trecho):

Destino	Custos operacionais da aeronave				
	DC 10	DC 03	BG 727	BG 737	FK 100
POA	2.000	1.950	2.100	2.040	2.750
CTWA	2.450	2.200	2.700	3.500	2.800
GRWU	4.000	3.000	2.000	2.500	2.700
CGN	3.500	4.000	2.300	2.800	3.200
GIG	4.750	5.200	5.100	5.300	6.000

---

5 TAKAR, T. Aviação doméstica registra crescimento recorde. *Valor On Line*. Disponível em: <http://economia.uol.com.br/ultimas-noticias/valor/2010/03/11/aviacao-domestica-registra-crescimento-recorde-de-4289-em--fevereiro.jhtm>. Acesso em: 4 maio 2013.

A demanda de voos indica a necessidade diária de transportar 3.000 passageiros para POA, 2.500 passageiros para CTWA, 5.500 passageiros para GRWU, 4.000 para CGN e 2.000 para GIG.

A programação deve ser realizada vislumbrando o atendimento da demanda, com as aeronaves disponíveis, ao menor custo possível.

Questões:

1. Modele o problema como um algoritmo de programação linear.
2. Escolha a melhor forma (a que você se sente mais confortável) para a resolução do algoritmo: Primal ou Dual.
3. Qual a programação mais econômica?

▶ REFERÊNCIAS

HILLIER, F.; LIEBERMAN, G. *Introdução à pesquisa operacional*. São Paulo: McGraw-Hill, 2006.

LONGARAY, A. A. *Notas de aula da disciplina de pesquisa operacional*. Rio Grande: FURG, 2000.

PUCCINI, A. L. *Introdução à programação linear*. Rio de Janeiro: LTC, 1972.

TAHA, H. *Pesquisa operacional*. São Paulo: Pearson Prentice-Hall, 2008.

TAKAR, T. Aviação doméstica registra crescimento recorde. *Valor On Line*. Disponível em: <http://economia.uol.com.br/ultimas-noticias/valor/2010/03/11/aviacao-domestica-registra-crescimento-recorde-de-4289-em-fevereiro.jhtm>. Acesso em: 4 maio 2013.

Análise pós-otimização

Os capítulos anteriores proporcionaram ao leitor conhecimento a respeito da otimização e de como proceder à resolução de seus modelos usando como principal técnica matemática a programação linear.

O que foi feito até agora remete ao cálculo da solução ótima para determinado modelo de otimização linear, qualquer que seja, e a determinação dos valores assumidos pelas variáveis que compõem seu objetivo.

Esse processo de obtenção da solução ótima se atém, num primeiro momento, quase exclusivamente ao detentor direto do problema. Isso quer dizer, por exemplo, que um problema de *mix* de produção e sua respectiva solução afetam principalmente o gestor de Planejamento e Controle da Produção (PCP).

Contudo, como já foi visto no Capítulo 2, os problemas sempre têm repercussão, mesmo que de forma indireta, em outros *stakeholders* próximos ao contexto decisional.

Para evidenciar esse caso, basta imaginar que, no problema do gestor de PCP, surjam novas possibilidades: o Departamento de Matérias-primas pode informar que haverá um corte na quantidade de insumos em um dado dia da semana; o Departamento de Recursos Humanos, em função de um treinamento da Comissão Interna de Prevenção de Acidentes (CIPA), pode recrutar dois funcionários da produção pelo tempo de uma jornada inteira de trabalho; pode ocorrer uma queda brusca no mercado pela procura dos produtos que a empresa fabrica etc.

Todas essas situações, muito presentes no cotidiano das pessoas e das organizações do mundo real, também são passíveis de diagnóstico e interpretação nos modelos de otimização de programação linear.

Tomando por base a solução ótima de um dado problema de programação linear, é viável realizar a análise pós-otimização, por vezes chamada de *análise econômica* ou *análise de sensibilidade*.

Embora existam técnicas alicerçadas em métodos econométricos, com fundamentação matemática um tanto rebuscada, o SIMPLEX permite que a análise econômica seja feita de modo intuitivo, a partir dos quadros finais dos algoritmos primal e dual.

Essa análise, usualmente, consiste no exame do impacto causado no resultado final do modelo por variações nos coeficientes das variáveis básicas e não básicas, por mudanças nos valores das constantes ou, ainda, pela inclusão de uma nova variável ou pela inserção de uma nova restrição.

Diante desse cenário, este capítulo tem por objetivo descrever a análise pós-otimização em modelos de programação linear. Primeiro, introduz o conceito de *análise de sensibilidade*. Depois, apresenta os passos para a realização da interpretação econômica em modelos primais e, na sequência, delineia o processo de análise para os modelos duais.

8.1 ANÁLISE DE SENSIBILIDADE EM PROGRAMAÇÃO LINEAR

Antes de entendermos o conceito, é necessário deixar claro que as expressões *análise de sensibilidade*, *análise econômica*, *análise pós-otimização* ou *interpretação econômica* são utilizadas de modo análogo por uma diversidade de autores da pesquisa operacional[1] para explicar os mesmos fenômenos e, portanto, de igual significado para os objetivos do nosso capítulo.

Quanto a sua finalidade, pode-se dizer que a análise de sensibilidade procura identificar o quanto a mudança em apenas um dos parâmetros impacta nos demais parâmetros de determinado modelo.

Em uma perspectiva matemática, a **análise de sensibilidade** pode ser entendida como a definição da derivada parcial em que, com exceção de uma única variável, as demais são mantidas constantes. Em economia,

---

Análise de sensibilidade
Definição da derivada parcial em que, com exceção de uma única variável, as demais são mantidas constantes

---

1 PUCCINI, A. L. *Introdução à programação linear*. Rio de Janeiro: LTC, 1972; BRONSON, R. *Pesquisa operacional*. São Paulo: McGraw-Hill do Brasil, 1985; WAGNER, H. *Pesquisa operacional*. Rio de Janeiro: Prentice-Hall, 1986; YOSHIDA, L. K. *Programação linear*. São Paulo: Atual, 1987; SILVA, E.; SILVA, E.; GONÇALVES, V.; MUROLO, A. *Pesquisa operacional*: programação linear. São Paulo: Atlas, 1998.

Capítulo 8 ▶ Análise pós-otimização

dá-se a essa proposição o nome de *análise marginal*.[2] A análise de sensibilidade mede o quanto a mudança isolada, em um único parâmetro, impacta nos demais parâmetros do modelo.

Filosoficamente, a aplicação do SIMPLEX na interpretação econômica se baseia na teoria do custo de oportunidade,[3] mais precisamente na ideia do perfeito equilíbrio entre o valor agregado por um processo a um produto e sua planilha de decomposição em insumos de constituição.[4]

É importante destacar que o conceito de análise de sensibilidade aqui apresentado não se aplica somente à programação linear, mas a qualquer sistema de otimização que venha a ser submetido a tal exame.

8.2 INTERPRETAÇÃO ECONÔMICA DO PRIMAL

O objetivo da análise de sensibilidade do primal é interpretar o comportamento dos coeficientes das variáveis fora da base, que estão na primeira linha do quadro SIMPLEX (linha da função-objetivo transformada), caso estes sofram algum tipo de variação.

Na prática, a análise de sensibilidade para um modelo primal de programação linear toma como referencial o quadro da solução ótima SIMPLEX (quadro final do primal).

No quadro final do modelo primal, o coeficiente de uma variável não básica na linha da função-objetivo transformada avalia a convergência do objetivo com essa variável. Isso quer dizer que o valor do coeficiente de uma variável não básica na linha de Z transformada indica a variação que a referida variável não básica pode causar no objetivo quando sofre pequenas diminuições ou aumentos.

Tradicionalmente, usuários desse tipo de abordagem adotam o *range* de análise zero → um, ou seja, variações de uma unidade no parâmetro. Tal medida facilita a visualização da tendência do modelo.

Exemplo 8.1

Para que o leitor entenda essa lógica de tendência (zero → um), apresento um singelo exemplo: uma sapataria jamais vai fabricar 1,4 unidade de par de sapatos. Ela terá que optar por produzir ou uma unidade de par de sapatos ou duas unidades

---

2 MOORE, J. *Tomada de decisão em administração com planilhas eletrônicas*. Porto Alegre: Bookman, 2005.

3 MENGER, C. *Princípios de economia política*. São Paulo: Abril, 1983.

4 GOLDBARG, M.; LUNA, H. *Otimização combinatória e programação linear*. Rio de Janeiro: Campus, 2005.

Introdução à pesquisa operacional

de par de sapatos. A mesma lógica é empregada quando se fala em utilização ou disponibilização de recursos.

Feitas essas considerações, vamos realizar a análise de sensibilidade primal a partir do modelo a seguir e o respectivo quadro final SIMPLEX:

Modelo primal:

$$\max Z = 2x_1 + 3x_2$$

s.a:

$$10x_1 + 15x_2 \leq 30$$
$$8x_1 + 12x_2 \leq 64$$
$$x_1 \geq 0; x_2 \geq 0$$

Quadro final primal:

Z	x_1	x_2	xF_1	xF_2	b_i	
1	0	0	0,20	0	6	→ função-objetivo transformada
0	0,67	1	0,07	0	2	→ primeira restrição
0	0	0	−0,80	1	40	→ segunda restrição

$$Z = 6$$

variáveis não básicas: variáveis básicas:

$x_1 = 0$ $x_2 = 2$

$xF_1 = 0$ $xF_2 = 40$

Em nosso exemplo, a variação positiva (acréscimo) de uma unidade da variável não básica x_1 não proporciona nenhuma variação em Z, pois ela possui coeficiente 0 (zero) na linha da função-objetivo transformada.

Já a variação positiva de uma unidade da variável não básica, xF_1, diminui em 0,20 unidade o valor de Z.

O valor de Z "diminui" porque $xF_1 = 0$, o que representa folga inexistente do recurso dessa restrição. Portanto, ele é um recurso escasso e tem repercussão monetária para o modelo.

| Capítulo 8 ▶ | Análise pós-otimização |

Nessa situação, o coeficiente 0,20 é chamado de **preço sombra** (*shadow price*) ou utilidade marginal de xF_1, isto é, o quanto vale a aquisição de uma unidade desse recurso para ser incorporada ao modelo. Assim, **preço sombra ou utilidade marginal** de uma restrição é a quantidade na qual o valor da função-objetivo muda, aumentando ou diminuindo de uma unidade, a disponibilidade do recurso a que corresponde essa restrição.

Para analisarmos o impacto do acréscimo de uma unidade de determinada *variável não básica* nas demais *variáveis básicas* do modelo, basta examinarmos a relação entre elas nas linhas das restrições do quadro do SIMPLEX seguindo esta lógica:

> **Preço sombra ou utilidade marginal**
> Quantidade na qual o valor da função-objetivo muda, aumentando ou diminuindo de uma unidade, a disponibilidade do recurso a que corresponde essa restrição.

AUMENTO DA FOLGA = REDUÇÃO DA DISPONIBILIDADE

↓

REDUÇÃO DO VALOR DE *Z*

No exemplo em questão, o aumento de uma unidade da variável não básica, xF_1, acarreta no aumento da sua folga em uma unidade e a consequente redução da sua disponibilidade original também em uma unidade.

O leitor pode perceber que, ao acrescentar uma unidade de xF_1, estamos criando *folga* do recurso para o modelo. Ao mesmo tempo, estamos "retirando" esse recurso da disponibilidade original da restrição.

Na primeira restrição do quadro do nosso exemplo, ao impor a folga de uma unidade de xF_1, que é um recurso escasso, vamos diminuir a disponibilidade original do recurso da restrição em uma unidade. Isso reflete na diminuição da produção de x_2 em 0,07 unidade.

Vamos comprovar pelo processo de cálculo a obtenção desse valor de variação para x_2 na primeira restrição, quando o valor de xF_1 passa de zero para um:

Z	x_1	x_2	xF_1	xF_2	b_i	
0	0,67	1	0,07	0	2	→ primeira restrição

Equacionando a relação de x_2 com xF_1, vamos determinar o novo valor de x_2 (x_2') para $xF_1 = 1$.

x_2' (novo x_2)

$$1x_2' + 0,07xF_1 = 2$$
$$1x_2' = 2 - 0,07(1)$$
$$1x_2' = 2 - 0,07$$
$$1x_2' = 1,3$$

Com os valores de x_2 e x_2', pode-se determinar sua variação (Δx_2):

$$\Delta x_2 = x_2' - x_2$$
$$\Delta x_2 = 1,3 - 2$$
$$\Delta x_2 = -0,07$$

Como é possível verificar, o resultado do cálculo para o equacionamento das relações entre a variável básica x_2 e a variável não básica xF_1, quando esta tem seu valor modificado de zero para um na primeira restrição, é exatamente o que deduzimos do quadro SIMPLEX do exemplo, diminuição de 0,07 em x_2 ($-0,07$). Ainda com base no exemplo e analisando a segunda restrição do problema, a variação positiva de uma unidade da variável não básica xF_1 acarreta na diminuição da disponibilidade original do recurso da restrição em uma unidade. Isso implica o aumento de 0,80 unidade de xF_2. Note que xF_2 é um recurso excedente em 40 unidades. A entrada de xF_1 na base (criando folga) só faz aumentar ainda mais esse excedente.

Vamos comprovar pelo processo de cálculo a obtenção desse valor de variação para xF_2 na segunda restrição, quando o valor de xF_1 passa de zero para um:

Z	x_1	x_2	xF_1	xF_2	b_i	
0	0	0	−0,80	1	40	→ segunda restrição

Capítulo 8 ▶ Análise pós-otimização

Equacionando a relação de xF_2 com xF_1, vamos determinar o novo valor de xF_2 (xF_2') para $xF_1 = 1$.

xF_2' (novo xF_2):

$$-080xF_1 + 1xF_2' = 40$$

$$1xF_2' = 40 + 0,80(1)$$

$$1xF_2' = 40 + 0,80$$

$$1xF_2' = 40,8$$

Com os valores de xF_2 e xF_2', podemos determinar sua variação (ΔxF_2):

$$\Delta xF_2 = xF_2' - xF_2$$

$$\Delta xF_2 = 40,8 - 40$$

$$\Delta xF_2 = +0,80$$

Assim, o resultado do cálculo para o equacionamento das relações entre a variável básica xF_2 e a variável não básica xF_1, quando esta tem seu valor modificado de zero para um, na segunda restrição, é exatamente o que deduzimos do quadro SIMPLEX do exemplo, aumento de 0,80 em xF_2 (+0,80).

Pode-se também determinar, mediante cálculo, o valor da variação de Z quando a variável xF_1 passa de zero para um. Note que esse foi o primeiro parâmetro deduzido a partir do quadro SIMPLEX, no início desta seção.

A função-objetivo do modelo original do nosso exemplo é dada por:

$$\max Z = 2x_1 + 3x_2$$

Logo, a variação de Z será:

$$\Delta Z = 2\Delta x_1 + 3\,\Delta x_2$$

Como x_1 é uma variável não básica, seu valor é 0 (zero). O valor de Δx_2 já foi calculado em $-0,07$. Substituindo na equação:

$$\Delta Z = 2(0) + 3(-0,07)$$

$$\Delta Z = 0 - 0,21$$

$$\Delta Z = -0,21$$

Temos, então, para a variação positiva de uma unidade da variável não básica xF_1, os valores de ΔZ deduzido e ΔZ calculado coincidente. Levando em conta que os valores do quadro primal são arredondamentos na segunda casa decimal, temos o valor de $\Delta Z = -0,21$ calculado, equivalente ao valor deduzido do *quadro* que indica a diminuição em 0,20 unidade de Z (preço sombra).

Assim, no processo de análise de sensibilidade do primal descrito, caberá ao leitor optar pela interpretação pelo método de cálculo – pelo relacionamento de equações – ou por meio da interpretação do quadro final do modelo do SIMPLEX.

Em uma perspectiva ampla, o que fizemos no problema apresentado como exemplo foi aumentar a folga do recurso $xF_1 = 0$ para $xF_1 = 1$ no modelo. Ao acrescentarmos folga, causamos a diminuição da disponibilidade desse recurso no modelo e a consequente redução proporcional do valor de Z e seus desdobramentos em x_2 e xF_2, variáveis básicas desse modelo.

8.3 INTERPRETAÇÃO ECONÔMICA DO DUAL

O objetivo da análise de sensibilidade do dual de um modelo de programação linear é interpretar o valor de oportunidade dos recursos envolvidos para o alcance da solução ótima do problema, bem como examinar os custos de cada atividade derivada desses recursos.

A primeira das análises é procedida na função-objetivo dual, enquanto a outra interpretação é realizada no conjunto de restrições do modelo dual.

Na *função-objetivo dual*, cada parcela $(b_i \cdot y_i)$ mede o valor de oportunidade do recurso b_i de uma restrição associado a sua respectiva variável dual y_i.

O **valor de oportunidade** de um recurso i é dado pelo produto entre a variável dual y_i que o representa e seu respectivo coeficiente (b_i) na função-objetivo dual.

O exame do valor de oportunidade dos recursos deve ser feito a partir do quadro final de solução ótima do modelo dual.

Valor de oportunidade
O valor de oportunidade de um recurso i é dado pelo produto entre a variável dual y_i que o representa e seu respectivo coeficiente (b_i) na função-objetivo dual.

Capítulo 8 ▶ Análise pós-otimização

Vamos retomar o Exemplo 8.1 para a interpretação econômica do primal.

O modelo dual e seu respectivo quadro final do SIMPLEX para o exemplo são dados por:

Modelo dual:

$$\min D = 30y_1 + 64y_2$$

s.a:

$$10y_1 + 8y_2 \geq 2$$
$$15y_1 + 12y_2 \geq 3$$
$$y_1 \geq 0; y_2 \geq 0$$

Quadro final dual:

D	y_1	y_2	yF_1	yF_2	c_i
−1		40		2	−6
0	1		0		0,20
0	0		1		0

$$-D = -6$$

variáveis não básicas: variáveis básicas:

$y_2 = 0$ $y_1 = 0,20$

$yF_2 = 0$ $yF_1 = 0$

No quadro SIMPLEX da solução final dual do nosso exemplo, o valor de $y_1 = 0,20$ significa que, se reduzirmos (D de minimização) a disponibilidade do recurso que essa variável representa em uma unidade, a contribuição dada ao objetivo do modelo também será diminuída em 0,20. Veja o que ocorre quando reduzimos a disponibilidade do recurso de y_1 de 30 para 29 unidades:

$$\min D = (30 - 1) y_1 + 64 y_2$$
$$\min D = 29 y_1 + 64 y_2$$
$$\min D = 29(0,20) + 64(0)$$
$$\min D = 5,80$$

Ainda pela observação do quadro, verifica-se que o valor de $y_2 = 0$ indica que, se reduzirmos em uma unidade o recurso disponível de y_2, o objetivo não será alterado.

Substituindo os valores de $y_1 = 0,20$ e $y_2 = 0$ na função-objetivo dual, teremos o valor de oportunidade do modelo:

$$\min D = 30y_1 + 64y_2$$
$$\min D = 30(0,20) + 64(0)$$
$$\min D = 6 + 64(0)$$
$$\min D = 6$$

O valor ótimo $D = 6$ coincide com o valor $Z = 6$, o que demonstra que o lucro atribuído aos produtos pelo mercado (função-objetivo primal) é igual ao valor de oportunidade dos recursos (função-objetivo dual). Isso representa, em última apreciação, que há coerência em nosso modelo de programação linear, pois o valor que o mercado está pagando pelo que é produzido cobre os custos de fabricação.

Em outra análise, a interpretação econômica de uma *restrição dual* refere-se à comparação entre o valor interno (custo para ser produzido) de determinado produto em relação ao valor externo (preço pago pelo mercado) desse produto.

A título de ilustração, vamos examinar o desempenho da variável x_1, assumindo que ela representa hipoteticamente um produto fabricado em nosso exemplo. A restrição do modelo dual que remete à x_1 é:

$$10y_1 + 8y_2 \geq 2$$

Uma leitura da restrição aponta que uma unidade de x_1 consome 10 unidades do recurso da primeira restrição primal ($y_1 \rightarrow xF_1$) e 8 unidades do recurso da segunda restrição primal ($y_2 \rightarrow xF_2$) do modelo. O mercado remunera cada unidade de x_1 em 2 unidades monetárias.

Substituindo y_1 e y_2 por seus respectivos valores do quadro final dual, temos:

$$10(0,20) + 8(0) \geq 2$$
$$2 + 0 \geq 2$$
$$2 \geq 2$$

Como o valor dos custos internos de produção de x_1 é pelo menos igual ao valor com que o mercado remunera esse produto, ele pode ser fabricado.

Vamos proceder à mesma análise para o produto associado à variável x_2. Ela corresponde à segunda restrição do modelo dual.

$$15y_1 + 12y_2 \geq 3$$

| Capítulo 8 ▶ | Análise pós-otimização |

A segunda restrição dual indica que uma unidade de x_2 consome 15 unidades do recurso da primeira restrição primal (y_1) e 12 unidades do recurso da segunda restrição primal (y_2) do modelo. O mercado remunera cada unidade de x_2 em 3 unidades monetárias.

Fazendo a inserção dos valores das variáveis na segunda restrição, temos:

$$15(0,20) + 12(0) \geq 3$$
$$15(0,20) + 12(0) \geq 3$$
$$3 + 0 \geq 3$$
$$3 \geq 3$$

Como o valor dos custos internos de produção de x_2 é pelo menos igual ao valor com que o mercado remunera esse produto, ele pode ser fabricado.

Cabe salientar ao leitor que o produto oriundo de x_1 não está sendo fabricado no programa de produção do nosso exemplo, porque se trata de um *SIMPLEX de múltiplas soluções*,[5] em que a variável não básica x_1 possui coeficiente nulo na linha da função-objetivo transformada do quadro SIMPLEX final do primal. Na prática, x_1 pode entrar na base em uma nova iteração do SIMPLEX.

▶ DESTAQUES DO CAPÍTULO

Este capítulo teve como objetivo descrever a análise pós-otimização em modelos de programação linear.

Inicialmente, introduziu o conceito de *análise de sensibilidade*. Demonstrou que as expressões *análise de sensibilidade*, *análise econômica* e *interpretação econômica* são empregadas de modo análogo por vários autores da pesquisa operacional.

Discorreu ainda sobre as origens filosóficas da análise de sensibilidade apresentada e citou a *teoria de custos de oportunidade* e a *análise marginal*, ambas fundamentadas na ciência da economia.

Apresentou os passos para realização da interpretação econômica em modelos primais, especificando o processo de análise do impacto da alteração das variáveis não básicas nos demais parâmetros do modelo (variáveis básicas e coeficientes do objetivo).

Na sequência, delineou o procedimento de análise de sensibilidade para os modelos duais e detalhou a interpretação dos coeficientes da função-objetivo dual, bem como de suas restrições.

---

5   Ver casos especiais descritos no Capítulo 6.

▶ ATIVIDADES NA INTERNET

Faça uma busca na web para encontrar artigos que tratem da teoria dos custos de oportunidade e sobre análise marginal. Para facilitar a consulta, utilize como autor de referência o economista austríaco Carl Menger,[6] que elaborou a *teoria da utilidade marginal*.

Sua tarefa consiste na preparação de um registro de conteúdo, ou seja, de um relatório no qual você deverá responder às seguintes questões:

1. Do que se trata a *teoria dos custos de oportunidade*?
2. Quais são as origens dessa teoria?
3. Que cientistas despontaram no desenvolvimento da *teoria da utilidade marginal*? De que forma cada um deles contribuiu para essa evolução?
4. Como você associa a teoria dos custos de oportunidade ao tipo de análise de sensibilidade apresentado neste capítulo?

O relatório com as respostas deverá ser impresso e entregue ao professor da disciplina.

▶ EXERCÍCIOS DE REVISÃO

1. Dado o seguinte algoritmo de programação linear:

   $\min Z = 8x_1 + 14x_2 + 16x_3$

   s.a:

   $9x_1 + 6x_2 + 12x_3 \geq 36$

   $8x_1 + 7x_2 + 2x_3 \geq 56$

   $4x_1 + 3x_2 + 2x_3 \geq 24$

   $x_1 \geq 0; x_2 \geq 0; x_3 \geq 0$

   a) transforme o modelo primal em seu respectivo algoritmo dual;
   b) calcule a solução ótima do algoritmo dual usando o método SIMPLEX;
   c) utilizando o quadro final do dual, estabeleça o quadro final do modelo primal;
   d) descreva o significado de cada uma das variáveis xF_i do modelo;
   e) descreva o significado de cada uma das variáveis y_i do modelo;
   f) explique a diferença entre as funções objetivo primal e dual do modelo;
   g) explane o que significa o lado esquerdo da primeira restrição dual;
   h) esclareça o que denota o lado direito da primeira restrição dual;
   i) estabeleça a comparação entre os lados direito e esquerdo da primeira restrição;
   j) explique o que representa o lado esquerdo da segunda restrição dual;
   k) elucide o significado do lado direito da segunda restrição dual;
   l) estabeleça a comparação entre os lados direito e esquerdo da segunda restrição;
   m) explique o que representa o lado esquerdo da terceira restrição dual;
   n) elucide o significado do lado direito da terceira restrição dual;
   o) estabeleça a comparação entre os lados direito e esquerdo da terceira restrição.

---

6 MENGER, 1983.

Capítulo 8 ▶ Análise pós-otimização

2. Dado o seguinte algoritmo primal de programação linear e seu respectivo quadro final SIMPLEX:

$$\max Z = x_1 + 2x_2 + 4x_3$$

s.a:

$$4x_1 + 6x_2 + 8x_3 \leq 72$$
$$2x_1 + 1x_2 + 3x_3 \leq 60$$
$$x_1 \geq 0; x_2 \geq 0; x_3 \geq 0$$

Quadro final primal:

Z	x_1	x_2	x_3	xF_1	xF_2	b_i	
1	1	1	0	0,50	0	36	→ função-objetivo transformada
0	0,50	0,75	1	0,13	0	9	→ primeira restrição
0	0,50	−1,25	0	−0,38	1	33	→ segunda restrição

Considerando que o quadro acima representa a solução de maior lucro para o programa de produção de uma pequena fábrica e que x_1, x_2 e x_3 sejam, nessa ordem, os produtos A, B e C manufaturados e xF_1 e xF_2 as sobras dos insumos de produção da primeira e da segunda restrição, responda aos seguintes questionamentos:

a) Existem insumos escassos no programa de produção da empresa? Quais são?

b) Há insumos em excesso? Quais? Em que quantidade?

c) Qual é o valor do preço sombra de xF_1?

d) Qual é o valor do preço sombra de xF_2?

e) Qual insumo é o mais importante para a empresa, xF_1 ou xF_2? Por quê?

f) Se, por uma exigência de demanda, a empresa resolvesse fabricar uma unidade do produto A, qual seria o impacto no objetivo do modelo?

g) Se, por uma exigência de demanda, a empresa resolvesse fabricar uma unidade do produto B, qual seria o impacto no objetivo do modelo?

3. Tomando por base o modelo de programação linear descrito no exercício anterior:

a) transforme o algoritmo primal em seu respectivo modelo dual;

b) proceda a conversão do quadro final SIMPLEX primal para o quadro final dual;

c) descreva o significado das variáveis y_1 do modelo;

d) descreva o significado das variáveis yF_1 do modelo;

e) explane o que significa o lado esquerdo da primeira restrição dual;

f) esclareça o que denota o lado direito da primeira restrição dual;

g) estabeleça a comparação entre os lados direito e esquerdo da primeira restrição.

▶ ESTUDO DE CASO

A indústria Pedras Duras S.A. é uma organização do ramo de mineração que tem por especialidade a produção de cimento Portland.

O cimento Portland[7] pode ser fabricado em uma variedade de especificações, de acordo com a finalidade de uso.

A Pedras Duras produz os cimentos CP-I (Cimento Portland comum) e o CP-I-S (Cimento Portland comum com adição).

O CP-I é o tipo mais básico de cimento Portland, indicado para o uso em construções que não requeiram condições especiais e não apresentem ambientes desfavoráveis, como exposição às águas subterrâneas, aos esgotos, à água do mar ou qualquer outro meio que contenha sulfatos. A única adição presente no CP-I é o gesso, que também está presente nos demais tipos de cimento Portland. O gesso atua como um retardador de pega, evitando a reação imediata da hidratação do cimento.

O CP-I-S tem a mesma composição do CP-I (clínquer e gesso), porém com adição reduzida de material pozolânico. Esse tipo de cimento tem menor permeabilidade, devido à adição de pozolana.

A norma brasileira que trata desses dois tipos de cimento é a NBR 5732.

O processo de fabricação de cimento Portland envolve três etapas:

1. Mistura e moagem da matéria-prima (calcários, margas e britas de rochas);

2. Produção do clínquer (forno rotativo a 1.400 °C mais arrefecimento rápido); e

3. Moagem do clínquer e mistura com o gesso e outros aditivos.

A Pedras Duras, como mineradora, extrai os calcários, margas e britas de rochas para a produção do clínquer.

Em função da limitação de sua capacidade instalada, a empresa pode produzir no máximo 10.000 toneladas dos dois tipos de cimento por mês.

A proporção da mistura do clínquer moída com o gesso para a fabricação dos dois tipos de cimento é dada por:

Mistura	CP-I (em %)	CP-I-S (em %)
Clínquer	80	75
Gesso	20	22
Pozolana	0	3

Por restrições ligadas a aspectos ambientais de exploração da área, a empresa pode produzir no máximo 10.000 toneladas de clínquer por mês.

A empresa possui restrição de aquisição de matéria-prima. Ela pode adquirir até 8.000 ton/mês de gesso e 3.000 ton/mês de aditivo (pozolana).

A receita líquida por tonelada do cimento CP-I produzida é de R$ 450,00, e a receita líquida por tonelada de CP-I-S é de R$ 370,00. O custo de aquisição da

---

7 Referência à ilha rochosa de mesmo nome localizada no Reino Unido.

tonelada de gesso é de R$ 36,40, e o custo de aquisição da tonelada de pozolana R$ 3,50. O clínquer é produzido pela própria empresa, não implicando, portanto, custo de aquisição.

O lucro da mineradora Pedras Duras com a produção dos dois tipos de cimento é dado pela receita líquida dos produtos menos os custos das matérias-primas envolvidas no processo (exceto o clínquer).

Outra possibilidade de obtenção de receita para a empresa é a venda do clínquer a outros fabricantes de cimento, limitada a quantidade de 2.000 toneladas por mês. A receita líquida, nesse caso, é de R$ 330,00 por tonelada.[8]

Questões:

1. Determine o *mix* ótimo de produção dos cimentos Portland CP-I e CP-I-S da empresa e se é conveniente ou não a venda de clínquer a outras empresas do ramo de cimento.

2. Proceda a análise de sensibilidade para o *quadro* final do SIMPLEX em sua forma primal e em sua forma dual. Que conclusões você pode retirar dessa análise?

▶ REFERÊNCIAS

ANDRADE, E. L. *Introdução à pesquisa operacional*. Rio de Janeiro: LTC, 1998.

BRONSON, R. *Pesquisa operacional*. São Paulo: McGraw-Hill do Brasil, 1985.

GOLDBARG, M.; LUNA, H. *Otimização combinatória e programação linear*. Rio de Janeiro: Campus, 2005.

MENGER, C. *Princípios de economia política*. São Paulo: Abril, 1983.

MOORE, J. *Tomada de decisão em administração com planilhas eletrônicas*. Porto Alegre: Bookman, 2005.

PUCCINI, A. L. *Introdução à programação linear*. Rio de Janeiro: LTC, 1972.

SILVA, E.; SILVA, E.; GONÇALVES, V.; MUROLO, A. *Pesquisa operacional*: programação linear. São Paulo: Atlas, 1998.

WAGNER, H. *Pesquisa operacional*. Rio de Janeiro: Prentice-Hall, 1986.

YOSHIDA, L. K. *Programação linear*. São Paulo: Atual, 1987.

---

8 Adaptado de ANDRADE, E. L. *Introdução à pesquisa operacional*. Rio de Janeiro: LTC, 1998.

A otimização e o uso de planilhas eletrônicas

O Capítulo 1 introduziu o leitor à utilização da ferramenta Gerenciador de cenários do Microsoft Excel para auxiliá-lo na organização intuitiva de contextos decisórios de pouca complexidade. Vamos, agora, propor o uso de uma ferramenta Computacional para a resolução dos modelos de otimização da pesquisa operacional.

Sob essa perspectiva, pode-se dizer que os avanços obtidos pela humanidade nas diversas áreas tecnológicas nos últimos cinquenta anos trouxeram, assim como em outros tantos ramos da ciência, muitos benefícios para o progresso da pesquisa operacional, o que facilitou a disseminação de seu uso em vários campos de nossa sociedade (saúde, transportes, financeiro, industrial etc.).

No início dessa revolução, entre o final dos anos 1950 e meados dos anos 1970, o emprego de *softwares* para a resolução de modelos da pesquisa operacional representava uma tarefa árdua. Tais *softwares* diminuíam o tempo total de processamento, de determinação da solução e de realização da análise pós-otimização. Entretanto, para ser um usuário dessas ferramentas computacionais, era inevitável o domínio de uma linguagem de programação, quase sempre específica para determinado *software*.

Talvez essa característica seja um dos fatores que tenham transformado a pesquisa operacional em uma disciplina com rótulo de *difícil*, *complicada* e *sofisticada* entre alunos de cursos de graduação e pós-graduação. Contudo, o surgimento das planilhas eletrônicas, a partir do final dos anos 1980, veio desmistificar toda essa excessiva complexidade, antes atribuída aos programas de computador dedicados à pesquisa operacional.

Hoje, existem no mercado de informática pelo menos algumas dezenas de planilhas eletrônicas com funções de otimização previamente incorporadas a suas rotinas ou com pacotes de *software* de otimização oferecidos como suplementos.

Cabe aqui uma ressalva ao leitor: as planilhas eletrônicas apenas processam os dados nelas inseridos. Sua função é facilitar a tarefa da realização de cálculos, bem como permitir armazenar e apresentar os resultados de uma forma esteticamente mais agradável aos nossos olhos.

Planilhas eletrônicas
As planilhas eletrônicas apenas processam os dados nelas inseridos. Sua função é facilitar a tarefa da realização de cálculos, bem como permitir armazenar e apresentar os resultados de uma forma esteticamente mais agradável aos nossos olhos.

As **planilhas eletrônicas**, portanto, não eximem seu usuário da realização do processo de modelagem do problema, da montagem de seu algoritmo, nem do conhecimento prévio dos fundamentos da análise pós-otimização.

Desse modo, o desconhecimento ou despreparo do leitor quanto à modelagem, aos algoritmos de otimização, aos métodos de resolução gráfica e algébrica, assim como à análise pós-otimização implica dificuldades na aplicação desse tipo de programa.

Assumindo que o leitor tenha adquirido tal conhecimento com o estudo e a realização dos exercícios dos capítulos anteriores, este capítulo discorre sobre o emprego do *software* SOLVER® para resolver problemas de programação linear.

Para atingir esse objetivo, inicialmente, o capítulo apresenta os requisitos para instalação e uso do SOLVER em um microcomputador. Na sequência, expõe o processo de inserção dos dados do problema, bem como das restrições e da função-objetivo do algoritmo de programação linear na planilha Excel. Logo depois, demonstra os passos para a obtenção da solução do modelo com o uso de suplemento SOLVER. Por fim, tece considerações sobre os relatórios de resposta, sensibilidade e limites obtidos por meio do SOLVER e como interpretá-los.

9.1 REQUISITOS DE *HARDWARE*, *SOFTWARE* E ETAPAS DE INSTALAÇÃO DO SOLVER

SOLVER
O SOLVER foi desenvolvido pela empresa norte-americana Frontline Systems. Trata-se de um *software* com aplicação em planilhas eletrônicas que resolve modelos de otimização lineares por meio do método SIMPLEX.

O **SOLVER** foi desenvolvido pela empresa norte-americana Frontline Systems. Trata-se de um *software* com aplicação em planilhas eletrônicas que resolve modelos de otimização lineares por meio do método SIMPLEX.

O pacote SOLVER roda em praticamente todas as configurações atuais de *hardware* para computadores pessoais. Quanto aos requisitos de *software*, o SOLVER trabalha com Excel, Visual Studio e Mac/Linux.

Capítulo 9 ▶ A otimização e o uso de planilhas eletrônicas

No MS Excel versão 2010, o SOLVER é oferecido como um suplemento e, apesar de já estar instalado, não está habilitado.

Para habilitar o suplemento SOLVER no Excel 2010, siga o passo a passo:

1. Abra o Excel em seu computador.
2. Clique na aba Arquivo.
3. Na aba Arquivo, clique em Opções.
4. Em Opções, selecione Suplementos.
5. Será aberta uma lista de suplementos do Excel. Selecione com o *mouse* o item SOLVER.
6. Feita a seleção, na parte inferior da mesma janela, clique no ícone Ir...
7. Uma nova janela será aberta com as opções de ferramentas de análise do Excel. Marque a opção SOLVER e, a seguir, clique em OK.

Para constatar se o SOLVER foi corretamente habilitado, na barra superior da tela principal do Excel 2010, clique em Dados e verifique, na aba Análise, se o SOLVER está disponibilizado. Caso o leitor não consiga habilitar o SOLVER ou não possua esse suplemento em sua versão do Excel, sugere-se consultar o portal <http://www.solver.com>, da Frontline Systems. Lá estão disponíveis versões *trial* e *student* para *download* gratuito, bem como um tutorial de instalação.

Além disso, o próprio Excel possui um tutorial para auxílio na instalação de seus suplementos. Basta clicar em Ajuda na barra superior da tela principal (na versão 2010, está representada por um ícone no formato de um ponto de interrogação).

9.2 INSERÇÃO DE UM MODELO DE PROGRAMAÇÃO LINEAR NA PLANILHA DO EXCEL

A primeira etapa na resolução de um modelo de programação linear utilizando o recurso SOLVER é a inserção dos dados do problema em uma planilha do Excel.

Suponha o seguinte algoritmo de programação linear:

$$\max Z = 2x_1 + 4x_2$$

s.a:

$$3x_1 + 4x_2 \leq 24$$
$$2x_1 + 6x_2 \leq 18$$
$$x_1 \geq 0; x_2 \geq 0$$

Os dados do modelo podem ser inseridos em formato de matriz conforme ilustra a Figura 9.1.

Figura 9.1 Inserção dos dados de um problema de programação linear no Excel

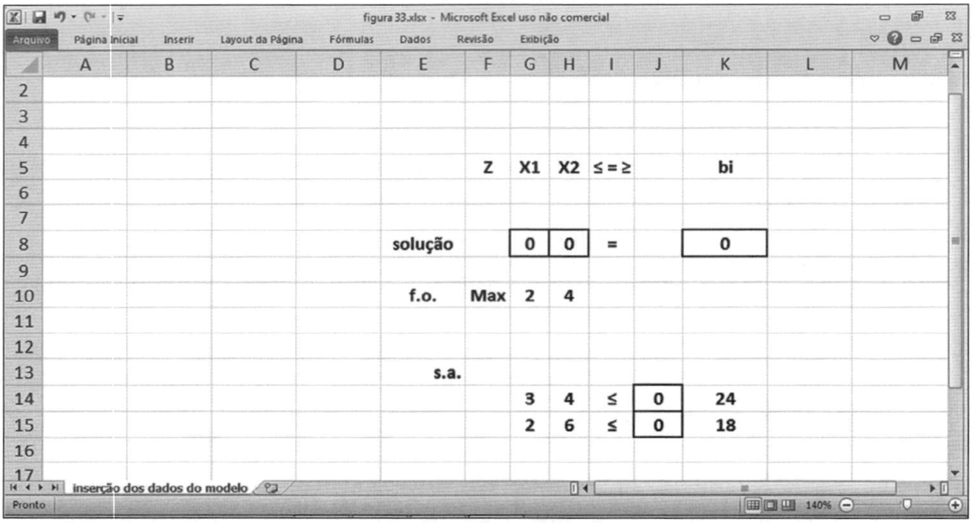

Na Figura 9.1, a linha 5 da planilha informa que a variável x_1 está na coluna G, que a variável x_2 está na coluna H e que o valor do termo independente (Z) está na coluna K.

Na linha 8 da planilha temos, nas colunas G e H, o que se chama de *células variáveis* do modelo. Isso significa que a célula G8 vai comportar o valor final de x_1, enquanto a célula H8 receberá o valor de x_2.

Ainda na linha 8, a célula K8 é denominada *célula de destino* do problema, porque ela deve conter a fórmula da função-objetivo do modelo, bem como o valor final de Z calculado.

Na linha 10 da planilha da Figura 9.1, as células G10 e H10 comportam, respectivamente, os *parâmetros* de x_1 e x_2 na função-objetivo.

Com as informações da linha 10, podemos equacionar a função-objetivo do modelo, a ser inserida na célula K8. Ela é dada por = G10*G8+H10*H8.

Na linha 14, as células G14 e H14 descrevem os coeficientes de x_1 e x_2 na *primeira restrição* do modelo. A célula J14 contém a fórmula = G14*G8+ H14*H8 e representa o total de recursos utilizados na restrição. A célula K14 exibe o *parâmetro* de disponibilidade desses recursos (24).

Na linha 15, as células G15 e H15 descrevem os coeficientes de x_1 e x_2 na *segunda restrição* do modelo. A célula J15 contém a fórmula = G15*G8+ H15*H8 e representa o total de recursos utilizados na restrição. A célula K15 exibe o *parâmetro de disponibilidade* desses recursos (18).

Com isso, temos todas as informações do algoritmo de programação linear representadas na planilha Excel, por meio das fórmulas de relacionamento das variáveis e parâmetros (constantes) do modelo.[1]

A inserção dos dados de um modelo na planilha do Excel é, portanto, composta dos *parâmetros*, das *células variáveis* e da *célula de destino* para o algoritmo do problema.

A Figura 9.2 expõe as informações inseridas na planilha e sua relação com o algoritmo do modelo de programação linear.

Figura 9.2 Equivalência entre o algoritmo e os relacionamentos da planilha Excel

Inserção de dados do exemplo no Excel (equivalência)			
Modelo	**Algoritmo**	**Célula**	**Relação**
Primeira variável	x_1	G8	Incógnita
Segunda variável	x_2	H8	Incógnita
Função-objetivo	$2x_1 + 4x_2$	K8	= G10*G8+H10*H8
Primeira restrição	$3x_1 + 4x_2$	J14	= G14*G8+ H14*H8
Segunda restrição	$2x_1 + 6x_2$	J15	= G15*G8+ H15*H8

9.3 CÁLCULO DA SOLUÇÃO ÓTIMA EMPREGANDO O SUPLEMENTO SOLVER

Realizada a transposição do algoritmo do modelo de programação linear para a planilha do Excel, a etapa seguinte constitui-se na resolução do problema com o emprego do SOLVER.

---

1 PIDD, M. *Modelagem empresarial*. Porto Alegre: Bookman, 1998.

Nesse processo, o primeiro passo é, com a planilha Excel do modelo em questão aberta, clicar em Dados na barra principal.

Uma aba com diversas ferramentas de dados será aberta. Procure a ferramenta Análise.

Na guia da ferramenta Análise, clique no ícone ?→ Solver.

A janela Parâmetros do SOLVER será aberta. Nela, deveremos escolher entre Máx. ou Mín. o objetivo, preencher a célula de destino e as células variáveis, e acrescentar as restrições do problema.

Para acrescentar a célula de destino, bem como as células variáveis, basta verificar sua localização na planilha do modelo. Em nosso exemplo, a célula de destino K8 informa o valor de Z, e as células variáveis G8 e H8, respectivamente, informam os valores de x_1 e x_2.

A Figura 9.3 ilustra a janela Parâmetros do SOLVER com a inserção das células de destino ($K$8), variáveis ($G$8:$H$8) e a seleção do objetivo "Máx" do exemplo.

Figura 9.3 Inserção das células de destino e variáveis do modelo

Para inserir as restrições na janela Parâmetros do SOLVER, devemos clicar no ícone Adicionar. Ao clicar nesse item, será aberta uma nova janela, Adicionar restrição, conforme mostra a Figura 9.4.

Capítulo 9 ▶ A otimização e o uso de planilhas eletrônicas

Figura 9.4 Janela Adicionar restrição

Como mostrado na Figura 9.4, o lado esquerdo da janela, Referência de célula, é preenchido com a célula que contém a fórmula da restrição. O sinal lógico pode ser escolhido (≤, = ou ≥) clicando na barra de rolagem `<= ▼`. No lado direito da janela, no item Restrição, é informado o parâmetro (lado direito) da restrição que está na coluna de b_i, na linha da referida restrição. Feito isso, basta clicar no ícone Adicionar para entrar com uma nova restrição, ou clicar em OK, caso todas as restrições do modelo já tenham sido introduzidas.

A Figura 9.5 ilustra a janela Parâmetros do SOLVER do nosso exemplo com as duas restrições do problema.

Figura 9.5 Inserção das restrições no SOLVER

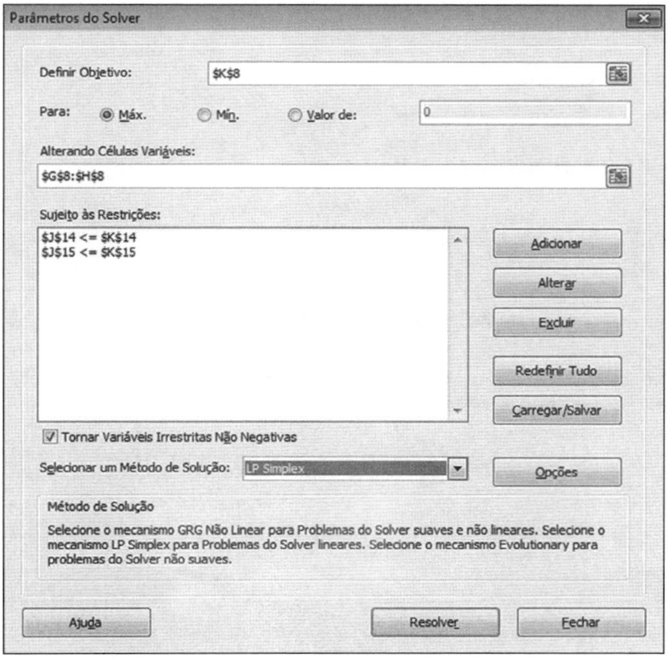

Na Figura 9.5, pode-se observar, no campo Sujeito às restrições, as relações da primeira restrição ($J$14 <= $K$14) e da segunda restrição ($J$15 <= $K$15) do exemplo em questão.

Adicionadas as restrições do modelo e ainda na janela Parâmetros do SOLVER, deve-se selecionar o campo Tornar variáveis irrestritas não negativas, para garantir a exigência de não negatividade da programação linear.

Somado a isso, no campo Selecionar um método de solução, deve-se optar pelo LP SIMPLEX.

O próximo passo consiste em clicar no ícone ReSOLVER para obter a solução do modelo de programação linear.

Uma nova janela Resultados do SOLVER será aberta, conforme ilustra a Figura 9.6. Nela, o SOLVER informa se foi encontrada uma solução ótima para o problema e se as restrições do modelo foram satisfeitas.

Figura 9.6 Janela Resultados do SOLVER

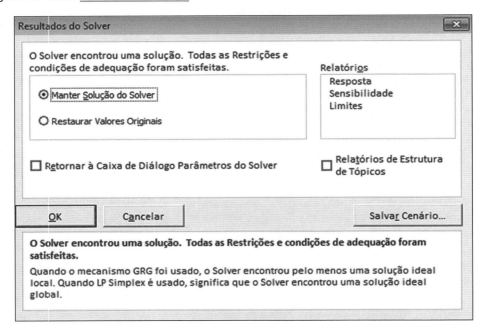

Capítulo 9 ▶ A otimização e o uso de planilhas eletrônicas

Para verificar os valores obtidos para o objetivo do modelo, assim como os valores das variáveis e limites das restrições, deve-se clicar em OK na janela de Resultados do SOLVER. Com isso, a planilha com os resultados será apresentada.

A janela Resultados do SOLVER oferece a opção de voltar à caixa de Parâmetros do SOLVER, desde que essa escolha seja marcada na caixa de diálogo existente. Oportuniza, ainda, a exibição de Relatórios. Para visualizar um relatório, é suficiente selecioná-lo entre as três opções disponíveis (Resposta, Sensibilidade e Limites) e clicar em OK.

A Figura 9.7 demonstra os resultados das células de destino e células variáveis para o nosso exemplo, após o processo de resolução do SOLVER.

Figura 9.7 Planilha com os resultados do SOLVER

	B	C	D	E	F	G	H	I	J	K	L	M	N	O
1														
2														
3														
4														
5						Z	X1	X2	≤=≥	bi				
6														
7														
8				solução		7,2	0,6		=	16,8				
9														
10				f.o.	Max	2	4							
11														
12														
13				s.a.										
14						3	4	≤	24	24				
15						2	6	≤	18	18				
16														
17														
18														

Analisando os resultados expressos pela planilha da Figura 9.7, temos a solução ótima $Z=16,8$ (célula K8), com $x_1 = 7,2$ (célula G8) e $x_2 = 0,6$ (célula H8).

Quanto às restrições, é possível verificar que ambas tiveram utilização total dos recursos disponibilizados (células J14 = K14 e células J15 = K15).

9.4 OS RELATÓRIOS DE RESPOSTA, SENSIBILIDADE E LIMITES DO SOLVER

A análise pós-otimização de um problema de programação linear pode ser procedida com o emprego do SOLVER, por meio de seus relatórios de resposta, sensibilidade e limites.[2]

9.4.1 Relatório de resposta do SOLVER

Para obter o relatório Resposta do SOLVER, é necessário que, na janela Resultados do SOLVER, seja selecionado esse relatório entre os três elegíveis no campo Relatórios, conforme ilustra a Figura 9.8:

Após selecionar o relatório Resposta, deve-se clicar em OK no canto inferior esquerdo da janela de Resultados do SOLVER.

Figura 9.8 Seleção da opção relatório Resposta na janela de Resultados do SOLVER

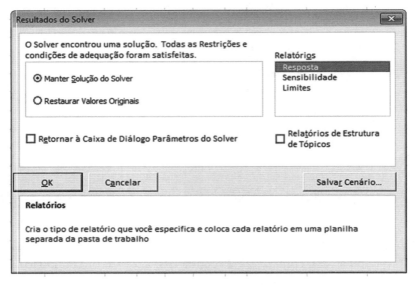

Uma nova planilha, intitulada Relatório de Respostas 1, será gerada pelo SOLVER Excel, como se pode observar na Figura 9.9.

---

2 HILLIER, F.; LIEBERMAN, G. *Introdução à pesquisa operacional*. São Paulo: McGraw-Hill, 2006.

Figura 9.9 Relatório de respostas do SOLVER

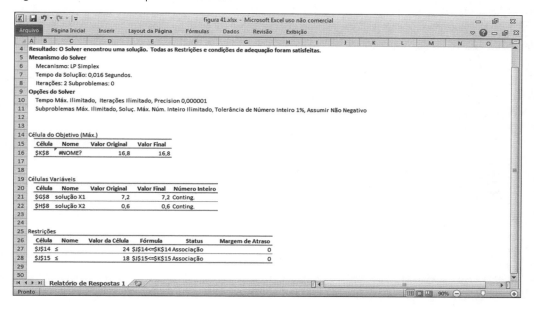

A Figura 9.9 retrata o relatório de resposta do SOLVER para o problema do nosso exemplo.

Na parte superior do relatório, a Célula do objetivo informa que o valor final da função-objetivo de maximização, contida em K8, é de 16,8 unidades. Esse valor é ótimo, ou seja, o melhor possível para o modelo.

Na parte intermediária do relatório, têm-se as Células variáveis G8 e H8, com seus valores finais, respectivamente 7,2 unidades e 0,6 unidades. Essas são as incógnitas do modelo de programação linear.

Na parte inferior do relatório de resposta, são expressos os valores finais das células das Restrições. A Margem de atraso, igual a 0 (zero), nesse caso, significa inexistência de folga nas restrições do modelo.

9.4.2 Relatório de sensibilidade do SOLVER

Para obter o relatório de sensibilidade do SOLVER, deve-se selecionar o item Sensibilidade no campo Relatórios da janela Resultados do SOLVER, para, então, clicar em OK. Uma nova planilha, Relatório de Sensibilidade 1, será criada pelo SOLVER Excel.

Para o exemplo em foco neste capítulo, tem-se, representado pela Figura 9.10, o seguinte relatório de sensibilidade:

Figura 9.10 Relatório de sensibilidade do SOLVER

A	B	C	D	E	F	G	H
1	Microsoft Excel 14.0 Relatório de Sensibilidade						
2	Planilha: [figura 39.xlsx]resultados do Solver						
3	Relatório Criado: 13/11/2012 14:27:14						
6	Células Variáveis						
7			Final	Reduzido	Objetivo	Permitido	Permitido
8	Célula	Nome	Valor	Custo	Coeficiente	Aumentar	Reduzir
9	$G$8	solução X1	7,2	0	2	1	0,666666667
10	$H$8	solução X2	0,6	0	4	2	1,333333333
12	Restrições						
13			Final	Sombra	Restrição	Permitido	Permitido
14	Célula	Nome	Valor	Preço	Lateral R.H.	Aumentar	Reduzir
15	$J$14	≤	24	0,4	24	3	12
16	$J$15	≤	18	0,4	18	18	2

A primeira parte do relatório de sensibilidade, Células variáveis, examina a faixa em que cada coeficiente da função-objetivo pode variar individualmente, sem alterar o valor obtido para as variáveis na solução ótima. É também chamada de *Objective ranging*.

Em nosso exemplo, a variável x_1 tem valor 7,2 na solução ótima do modelo. Seu coeficiente na função-objetivo é 2. No relatório de sensibilidade, as colunas Permitido aumentar e Permitido reduzir representam o quanto o coeficiente de x_1 pode variar sem alterar o valor recomendado para a variável x_1, que é de 7,2.

Assim, os valores para os quais o coeficiente de x_1 pode variar, sem que seja alterado o seu valor em Z, estão na faixa entre $(2 + 1)$ e $(2 - 0{,}667)$. Da mesma forma, os valores para os quais o coeficiente de x_2 pode variar, sem que seja modificado seu valor na solução ótima, $x_2 = 0{,}6$, está no *range* entre $(4 + 2)$ e $(4 - 1{,}33)$.

Cabe ressaltar que esse tipo de análise se aplica apenas a cada uma das variáveis independentemente.[3]

A segunda parte do relatório de sensibilidade, Restrições, trata da apreciação das restrições do modelo.

---

3   PIDD, 1998; LONGARAY, A. A. *Notas de aula da disciplina de pesquisa operacional*. Rio Grande: FURG, 2000.

A primeira coluna exprime o Valor final de cada restrição, ou seja, o quanto foi utilizado dos recursos disponíveis. Na Figura 9.10, verifica-se que na coluna Valor final os valores finais das restrições do exemplo são exatamente os valores disponíveis dessas restrições, o que indica escassez de recursos.

A segunda coluna indica o Preço sombra (ou *shadow price*), ou seja, o quanto a função-objetivo vai variar com a aquisição de uma unidade daquele recurso. Pela Figura 9.10, pode-se perceber que o aumento na disponibilidade de uma unidade de x_1 aumenta em 0,4 unidade o objetivo do modelo. A entrada de uma unidade na disponibilidade de x_2 também provocará um aumento de 0,4 unidade no objetivo do modelo.

A terceira coluna examina a Restrição lateral R.H. (*right hand*), isto é, o lado direito da restrição. Como se pode verificar na Figura 9.10, a disponibilidade original da primeira restrição do modelo é de 24 unidades, enquanto a disponibilidade original da segunda restrição é de 18 unidades.

As duas últimas colunas da segunda parte do relatório de sensibilidade (Restrições), Permitido aumentar e Permitido reduzir, mostram a faixa na qual a diferença do preço sombra pode ser aplicada.

Desse modo, na Figura 9.10, o preço sombra de 0,4 se aplica à primeira restrição do modelo, para a faixa entre (24 + 3) e (24 − 12). Isso quer dizer que, quando os valores do lado direito dessa restrição variam na faixa entre 12 e 27 unidades, não há alteração de seu valor de oportunidade.

Da mesma forma, a faixa de variação do valor de oportunidade para o recurso da segunda restrição está entre (18 + 18) e (18 − 2). O preço sombra de 0,4 não se modifica para transformações na disponibilidade de recurso da segunda restrição que estejam entre 16 e 36 unidades.

9.4.3 Relatório de limites do SOLVER

Para obter o relatório de limites do SOLVER, deve-se selecionar o item Limites no campo Relatórios da janela Resultados do SOLVER, para, então, clicar em OK. Uma nova planilha, Relatório de Limites 1 será criada pelo SOLVER Excel.

A Figura 9.11 expõe o relatório de limites para o problema de programação linear utilizado como exemplo neste capítulo.

Figura 9.11 Relatório de limites do SOLVER

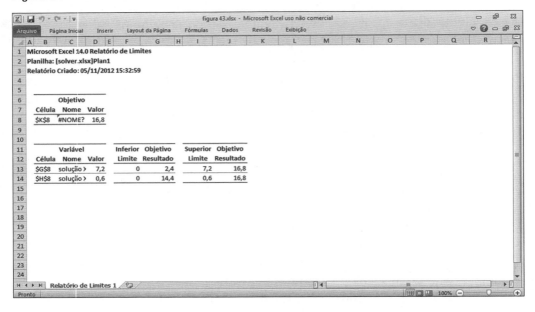

A primeira parte do relatório de limites examina o valor máximo (ou mínimo, em modelos de minimização) possível de ser atingido pelo objetivo do modelo. No caso do exemplo da Figura 9.11, que é um modelo de maximização, o maior valor permissível para Z é 16,8. Já a segunda parte do relatório de limites verifica o *range* das variáveis de decisão do modelo.

A coluna Inferior limite apresenta os valores mínimos para cada variável, de modo que as condições das restrições sejam minimamente satisfeitas. Na Figura 9.11, se atribuirmos 0 (zero) ao valor de x_1, o valor da coluna Objetivo resultado será Z = 2(0) + 4 (0,6) = 2,4.

Se o valor de x_2 for 0 (zero) na coluna Inferior limite, então, o valor da coluna Objetivo resultado será Z = 2(7,2) + 4(0) = 14,4. No que tange à coluna Superior limite e sua respectiva coluna de Objetivo resultado, estas apresentam os valores limítrofes das variáveis que levam ao Z ótimo do modelo. No caso do exemplo da Figura 9.11, os valores de x_1 = 7,2, x_2 = 0,6 e Z = 16,8 são extremos para o problema. O Excel adota a notação 1E + 30 para representar o infinito (∞).

Capítulo 9 ▶ A otimização e o uso de planilhas eletrônicas

▶ DESTAQUES DO CAPÍTULO

Este capítulo discorreu sobre o emprego do *software* SOLVER® para resolver problemas de programação linear usando a planilha eletrônica Excel.

Para tanto, inicialmente apresentou os requisitos para instalação e uso do SOLVER em um microcomputador. Então, demonstrou a sequência de sete passos consecutivos, ação suficiente para a implantação do SOLVER em um computador pessoal.

Em seguida, expôs o processo de inserção dos dados do problema, bem como das restrições e da função-objetivo do algoritmo de programação linear na planilha Excel.

Também delineou as etapas para a obtenção da solução do modelo com o uso de suplemento SOLVER, compostas da formulação da célula de destino e das células variáveis, pela adição das restrições e pela resolução pelo LP SIMPLEX.

Por fim, descreveu os relatórios de resposta, de sensibilidade e de limites obtidos por meio do SOLVER. Cada um deles foi detalhado, e suas principais funções foram explicadas e exemplificadas.

▶ ATIVIDADES NA INTERNET

Acesse o site da empresa Frontline Systems (www.SOLVER.com), proprietária do *software* SOLVER®, e ao site da empresa Lindo Systems (www.lindo.com), detentora do *software* What's Best!

Faça o *download* das versões gratuitas do SOLVER e do What's Best!, ambos para uso em planilhas do Excel.

Forme um grupo com mais dois colegas. O trabalho consistirá na montagem de um quadro comparativo entre as funcionalidades, a capacidade de inserção de variáveis e restrições, os relatórios oferecidos pelos *softwares*, mais a resolução de um exemplo.

A equipe deverá elaborar uma apresentação em PowerPoint, para exposição em aula, com o quadro comparativo das características de cada *software* e a demonstração do processo de solução de um mesmo exemplo hipotético, tanto no SOLVER quanto no What's Best!

▶ EXERCÍCIOS DE REVISÃO

1. Quanto ao *software* SOLVER®, pode-se dizer que:

   a) É um *software* especialista feito para usuários com conhecimento de programação.

   b) É um sistema operacional de fácil operação.

   c) É um *software* para otimização idealizado para usuários com conhecimentos básicos em planilhas eletrônicas.

   d) É um suplemento do Excel desenvolvido pela Microsoft.

   e) Nenhuma das alternativas está correta.

2. O SOLVER tem como pré-requisito de *software*:
   a) Excel previamente instalado no computador.
   b) Visual Studio previamente instalado no computador.
   c) Mac/Linux previamente instalado no computador.
   d) As alternativas *a* e *c* estão corretas.
   e) As alternativas *a*, *b* e *c* estão corretas.

3. No MS Excel 2010, o SOLVER:
   a) Não vem instalado de fábrica, sendo necessário baixá-lo do *site* da Microsoft.
   b) Não vem instalado de fábrica, sendo necessário baixá-lo do *site* da Frontline Systems.
   c) Faz parte do pacote do *software*, mas não vem instalado originalmente.
   d) Já vem instalado como suplemento, entretanto, na opção Desabilitado.
   e) Todas as alternativas estão erradas.

4. O primeiro passo para a resolução de um modelo de programação linear no SOLVER Excel consiste:
   a) Na inserção do algoritmo do modelo na planilha Excel.
   b) Na inserção das restrições do problema na janela Parâmetros do SOLVER.
   c) Na inserção da função-objetivo do problema na janela Parâmetros do SOLVER.
   d) Na inserção das restrições de não negatividade do problema na janela Parâmetros do SOLVER.
   e) Todas as alternativas estão corretas.

5. Quanto à Célula de destino, pode-se dizer que:
   a) Ela contém uma variável (incógnita) do problema.
   b) Ela contém uma restrição do problema.
   c) Ela contém uma constante do problema.
   d) Ela contém a fórmula da função-objetivo do problema.
   e) Nenhuma das alternativas está correta.

6. Quanto às Células variáveis, pode-se dizer que:
   a) Elas contêm as variáveis (incógnitas) do problema.
   b) Elas contêm as restrições do problema.
   c) Elas contêm as constantes do problema.
   d) Elas contêm a fórmula da função-objetivo do problema.
   e) Nenhuma das alternativas está correta.

Capítulo 9 ▶ A otimização e o uso de planilhas eletrônicas

7. Quanto às Células parâmetros, pode-se dizer que:
   a) Elas contêm as variáveis (incógnitas) do problema.
   b) Elas contêm as restrições do problema.
   c) Elas contêm as constantes do problema.
   d) Elas contêm a fórmula da função-objetivo do problema.
   e) Nenhuma das alternativas está correta.

8. O SOLVER possui três métodos para resolução de modelos. Sobre eles, é correto dizer que:
   a) O método GRG não linear é usado em problemas de programação linear.
   b) O método LP SIMPLEX é aplicado a problemas de programação linear.
   c) O método Evolutionary é empregado para problemas de programação linear com relaxamento das restrições.
   d) O método LP SIMPLEX é usado para problemas de programação não linear.
   e) Nenhuma das alternativas está correta.

9. No relatório de respostas do SOLVER:
   a) O valor 0 (zero) na coluna Margem Atraso indica que há folga na utilização de recursos do modelo.
   b) O valor 0 (zero) na coluna Margem Atraso indica que não há folga na utilização de recursos do modelo.
   c) O valor 0 (zero) na coluna Margem Atraso indica existência de disponibilidade de recursos do modelo.
   d) O valor 0 (zero) na coluna Margem Atraso indica ociosidade de recursos do modelo.
   e) Todas as alternativas estão corretas.

10. No relatório de sensibilidade do SOLVER:
    a) Chama-se *Objective ranging* a faixa em que cada coeficiente da função-objetivo pode variar individualmente, sem alterar o valor obtido para as variáveis na solução ótima.
    b) Na análise das restrições, a primeira coluna exprime o Valor final de cada restrição, ou seja, o quanto está sendo utilizado dos recursos disponíveis.
    c) Na análise das restrições, a segunda coluna indica o Preço sombra (ou *shadow price*), ou seja, o quanto a função-objetivo vai variar com a aquisição de uma unidade daquele recurso.
    d) Na análise das restrições, a terceira coluna examina a Restrição Lateral R.H., isto é, o lado direito da restrição, o termo independente.
    e) Todas as alternativas estão corretas.

Introdução à pesquisa operacional

▶ ESTUDO DE CASO

A indústria Fruta Pera Ltda. produz alimentos enlatados. Esses produtos são distribuídos para todo o território nacional, atendendo aos consumidores do varejo e aos compradores de atacado.

A especialidade da Fruta Pera é a fabricação de conservas de frutas, mais especificamente pera, ameixa, laranja, pêssego e figo. Ela também manufatura, em menor escala, conservas de pepino, azeitona, cebola e cenoura.

Os lucros unitários, por lata de 500 gramas, desses produtos são descritos no quadro a seguir:

Produto	Lucro/lata (em R$)
Pera	0,80
Ameixa	070
Laranja	0,55
Pêssego	0,85
Figo	0,70
Pepino	0,45
Azeitona	0,60
Cebola	0,90
Cenoura	R$ 0,50

O processo de preparação da conserva exige a passagem do produto por três diferentes seções: a seção de cozimento a alta temperatura da fruta ou legume; a seção de curtimento à alta pressão dessas conservas; e, por fim, a seção de envasamento do produto.

A tabela a seguir apresenta os tempos de cozimento, curtimento e envasamento, por dúzia de latas, para cada um dos itens fabricados pela Fruta Pera:

Produto	Tempo cozimento (para 12 latas, em min)	Tempo curtimento (para 12 latas, em min)	Tempo envasamento (para 12 latas, em min)
Pera	1,5	3	1
Ameixa	2,5	2	1
Laranja	3	2,5	1
Pêssego	1	2	1
Figo	1,5	4	1
Pepino	1	1,5	1
Azeitona	0	3	1
Cebola	1	3	1
Cenoura	1	2,5	1

Para ter condições de atender à quantidade de conservas demandada, a Fruta Pera mantém três turnos de trabalho em todas as seções, cada qual com jornada diária de 8 horas.

Existe uma restrição de armazenagem: não é possível, para o setor de embalagem e expedição, armazenar no depósito da companhia mais de cem dúzias de latas por dia, independentemente do tipo de produto.

A gerência de logística da Fruta Pera Ltda. necessita de seu auxílio como analista de pesquisa operacional. Ela quer saber qual é o *mix* ótimo de fabricação diária de conservas. ▶▶

Questões:

1. Elabore o algoritmo de programação linear.
2. Insira os dados no Excel e resolva o problema via suplemento SOLVER.
3. Faça uma análise do resultado alcançado no modelo tomando por base os relatórios de pós-otimização oportunizados pelo SOLVER.

▶ REFERÊNCIAS

HILLIER, F.; LIEBERMAN, G. *Introdução à pesquisa operacional*. São Paulo: McGraw-Hill, 2006.

LONGARAY, A. A. *Notas de aula da disciplina de pesquisa operacional*. Rio Grande: FURG, 2000.

PIDD, M. *Modelagem empresarial*. Porto Alegre: Bookman, 1998.

Referências

ACKOFF, R. L.; SASIENI, M. W. *Pesquisa operacional*. Rio de Janeiro: LTC, 1971.

COLIN, E. *Pesquisa operacional*: 170 aplicações em estratégia, finanças, logística, produção, marketing e vendas. Rio de Janeiro: LTC, 2007.

EHRLICH, P. J. *Pesquisa operacional*: um curso introdutório. São Paulo: Atlas, 1991.

ENSSLIN, L.; MOTIBELLER NETO, G.; NORONHA, S. *Apoio à decisão*: metodologia para estruturação de problemas e avaliação multicritério de alternativas. Florianópolis: Insular, 2001.

LACHTERMACHER, G. *Pesquisa operacional na tomada de decisões*. São Paulo: Pearson Prentice-Hall, 2009.

LOESCH, C.; HEIN, N. *Pesquisa operacional*: fundamentos e modelos. São Paulo: Saraiva, 2009.

MOORE, J.; WEATHERFORD, L. *Tomada de decisão em administração com planilhas eletrônicas*. Porto Alegre: Bookman, 2005.

MOREIRA, D. A. *Pesquisa operacional*: curso introdutório. São Paulo: Cengage Learning, 2010.

OIH YU, A. B. S. *Tomada de decisão nas organizações*: uma visão multidisciplinar. São Paulo: Saraiva, 2011.

PRADO, D. *Programação linear*. Belo Horizonte: INDG, 2004.

SHAMBLIN, J. E.; STEVENS JR, G. T. *Pesquisa operacional*: uma abordagem básica. São Paulo: Atlas, 1989.

SIQUEIRA, J. O. *Fundamentos de métodos quantitativos*: aplicados em administração, economia, contabilidade e atuária. São Paulo: Saraiva, 2011.

STOCKTON, S. R. *Introdução à programação linear*. São Paulo: Atlas, 1975.

OUTRAS PUBLICAÇÕES DO AUTOR

BEUREN, I. M.; LONGARAY, A. A.; PORTON, R. A. B. Aspectos de complementariedade entre os critérios do custeio baseado na atividade (ABC) e o Balance Scorecard (BSC). *Revista Paulista de Contabilidade*, 486, 18-24, jan. 2003.

LONGARAY, A. A. A teoria da decisão revisitada: análise e perspectivas. *Revista da Angrad* (Associação Nacional dos Cursos de Graduação em Administração), 8(2), 137-52, abr./maio./jun. 2007.

LONGARAY, A. A. Análise das características empreendedoras dos criadores de empresas de base tecnológica instaladas na incubadora Celta – SC. In: *XXV Encontro Nacional de Engenharia de Produção – ENEGEP*, 2005, Porto Alegre – RS. Anais do XXV Encontro Nacional de Engenharia de Produção, 2005. CD-ROM.

LONGARAY, A. A. As implicações do meio ambiente nas estratégias das empresas. In: *XVI ENEGEP – Encontro Nacional de Engenharia de Produção*, 1996, Piracicaba – SP. Anais do XVI Encontro Nacional de Engenharia de Produção, 1996. CD-ROM.

LONGARAY, A. A. Emprego da teoria das filas para a diminuição do tempo de espera de atendimento em uma agência da previdência social: o caso da aps Canguçu – RS. In: *XXX ENEGEP – Encontro Nacional de Engenharia de Produção*, 2010, São Carlos – SP. Anais do XXX ENEGEP. São Carlos – SP: UFSCAR, 2010. CD-ROM.

LONGARAY, A. A. *Estruturação de situações problemáticas baseada na integração da Soft Systems Methodology e da MCDA Construtivista*. 2004. 396 f. Tese (Doutorado em Engenharia de Produção) – Programa de Pós-Graduação em Engenharia de Produção, Universidade Federal de Santa Catarina, Florianópolis, 2004.

LONGARAY, A. A. *Reengenharia de processos*: os casos das Tintas Renner S.A. e do Grupo Gerdau. 1997. 151 f. Dissertação (Mestrado em Administração). Curso de Pós-Graduação em Administração, Universidade Federal de Santa Catarina, Florianópolis, 1997.

LONGARAY, A. A.; BEUREN, I. M. Cálculo da minimização dos custos de produção por meio da programação linear. In: *VIII CBC – Congresso Brasileiro de Custos*, 2001, São Leopoldo – RS. Anais do VIII Congresso Brasileiro de Custos. São Leopoldo – RS, 2001. CD-ROM.

LONGARAY, A. A.; BEUREN, I. M. Caracterização da Pesquisa em Contabilidade. In: LONGARAY, A. A.; RAUPP, F. M.; SOUZA, M. A.; COLAUTO, R. D.; PORTON, R. A. B.;

Referências

BEUREN, I. M. (Org.). *Como elaborar trabalhos monográficos em contabilidade*. São Paulo: Atlas, 2006.

LONGARAY, A. A.; BEUREN, I. M. Decisões organizacionais: as perspectivas qualitativa, quantitativa e a abordagem multicritérios. In: *XXI Encontro Nacional de Engenharia de Produção*, 2001, Salvador – BA. Anais do XXI Encontro Nacional de Engenharia de Produção, 2001. CD-ROM.

LONGARAY, A. A.; BEUREN, I. M. Reengenharia de processos: os casos das TINTAS RENNER S.A. e do GRUPO GERDAU. In: *XVIII Encontro Nacional de Engenharia de Produção*, 1998, Rio de Janeiro – RJ. Anais do XVIII Encontro Nacional de Engenharia de Produção, 1998. CD-ROM.

LONGARAY, A. A.; BEUREN, I. M.; PORTON, R. A. B. E-commerce: das origens às estratégias emergentes. In: *IX SIMPEP – Simpósio de Engenharia de Produção*, 2002, Bauru – SP. Anais do IX Simpósio de Engenharia de Produção, 2002. Disponível em: <www.simpep. feb.unesp.br/anais.php>. Acesso em: 4 nov. 2012.

LONGARAY, A. A.; BEUREN, I. M.; WILHELM, L.; PORTON, R. A. B. Utilização de instrumentos de gestão: um comparativo entre empresas mundiais, brasileiras e catarinenses. In: *VIII Congresso Internacional de Custos*, 2003, Punta del Este – República Oriental do Uruguai. VIII Congresso Internacional de Custos, 2003. CD-ROM.

LONGARAY, A. A.; BUCCO, G. Emprego da análise hierárquica de processos no desenvolvimento de sistema de apoio à decisão para seleção de fornecedores de materiais de informática: o caso da Faurg. In: *XXX ENEGEP – Encontro Nacional de Engenharia de Produção*, 2010, São Carlos. Anais do XXX ENEGEP. São Carlos – SP: UFSCAR, 2010. CD-ROM.

LONGARAY, A. A.; CAPRARIO, G. N.; ENSSLIN, L. Análise de decisão multicritério: um caso empregando o MACBETH. *Sinergia*, 14(2), 51-62, jul./dez. 2010.

LONGARAY, A. A.; DAMAS, T. P. Proposta de utilização de um algoritmo de programação inteira para a otimização da produção de novilhos jovens em uma propriedade rural do Rio Grande do Sul. In: *XXXII ENEGEP – Encontro Nacional de Engenharia de Produção*, 2012, Bento Gonçalves – RS. Anais do XXXII Encontro Nacional de Engenharia de Produção, 2012. CD-ROM.

LONGARAY, A. A.; ENSSLIN, L. Avaliação do Desempenho de um hospital Universitário Utilizando a MCDA Construtivista. In: *XXXV ENANPAD – Encontro Nacional dos Programas de Pós-Graduação em Administração*, 2011, Rio de Janeiro. Anais do XXXV ENANPAD, 2011. CD-ROM.

LONGARAY, A. A.; ENSSLIN, L. The hard and soft operations research analyzed by the system thinking perspective. In: *XXXVII Conference of the Italian Operations Research Society Optimization and Decision Science*, 2006, Cesena – Italy. Proceedings of AIRO 2006 – Italian Operations research Society Optimization and Decision Science, 2006. CD-ROM.

LONGARAY, A. A.; ENSSLIN, L. Uso da MCDA na identificação e mensuração da performance dos critérios para a certificação dos hospitais de ensino no âmbito do SUS. *Produção*, 2013. Disponível em: <http://www.scielo.br/scielo.php?pid=S0103-65132013005000021&script=sci_arttext>. Acesso em: 25 de agosto de 2013.

LONGARAY, A. A.; ENSSLIN, L. Uso da MCDA-C na Avaliação de Desempenho das Atividades de Trade Marketing de uma Indústria do Setor Farmacêutico Brasileiro In: *IV ENADI – Encontro Nacional de Administração da Informação da ANPAD*, 2013, Rio de Janeiro. Anais do ENADI, 2013. CD-ROM.

LONGARAY, A. A.; ENSSLIN, L.; MACKNESS, J. Uma proposta de integração da Soft Systems Methodology à MCDA-C. *Pesquisa Operacional para o Desenvolvimento*, v. 5, n. 3, p. 331-372, set./dez. 2013.

LONGARAY, A. A.; ENSSLIN, L.; CAPRARIO, G. N. Desenvolvimento de sistema de apoio à decisão para auxiliar um decisor na compra de imóvel. In: *XXXVII Simpósio Brasileiro de Pesquisa Operacional – SBPO*, 2005, Gramado – RS. Anais do XXXVII SBPO. Rio de Janeiro: Sociedade Brasileira de Pesquisa Operacional, 2005. CD-ROM.

LONGARAY, A. A.; ENSSLIN, L.; MACKNESS, J. A combined use of the soft system methodology and multicriteria decision aid to support a decision maker in a complex situation. In: *ICIEOM – International Conference on Industrial Engineering and Operations Management*, 2007, Iguassu Falls. Proceedings of International Conference on Industrial Engineering and Operations Management. Rio de Janeiro – RJ: ABEPRO, 2007. CD-ROM.

LONGARAY, A. A.; ENSSLIN, L.; MACKNESS, J. Development of decision support system to aid a patient with stress improve her quality of life. In: *OR 2005 – International Scientific Congress of Operations Research*, 2005, Bremen, Germany. Proceedings of OR 2005 – International Scientific Annual Conference on Operations research, 2005, v. 1. p. 234-235.

LONGARAY, A. A.; ENSSLIN, L.; MACKNESS, J. Problem structuring using soft systems methodology and multicriteria decision aid constructivist. In: *Fifth International Conference on Operational Research for Development*, 2005, JAMSHEDPUR. Proceedings of fifth International Conference on Operational Research for Development. Kanpur – India: Industrial and Management Engineering Department – IIT, 2005, v. I. p. 109-114.

Referências

LONGARAY, A. A.; FIGUEIREDO, R. M. Análise da importância atribuída pelo pequeno investidor à utilização de modelos matemáticos no processo de escolha de seus investimentos na modalidade *home broker*. In: *XXXII ENEGEP – Encontro Nacional de Engenharia de Produção*, 2012, Bento Gonçalves – RS. Anais do XXXII Encontro Nacional de Engenharia de Produção, 2012. CD-ROM.

LONGARAY, A. A.; FIUSSEN, D.; AVILA, A. L. Uma análise sobre a influência dos papéis de gênero na formação das estudantes de graduação: o caso do curso de administração da Universidade Federal do Rio Grande. In: *XXII ENANGRAD – Encontro Nacional dos Cursos de Graduação em Administração*, 2011, São Paulo – SP. Anais do XXII ENANGRAD. Rio de Janeiro: ANGRAD, 2011, p. 1-13.

LONGARAY, A. A.; GIESTA, L. C. Pressupostos para uma direção eficaz: a teoria da liderança revisitada. In: *XIX Encontro Nacional de Engenharia de Produção*, 1999, Rio de Janeiro – RJ. Anais do XIX Encontro Nacional de Engenharia de Produção, 1999. CD-ROM.

LONGARAY, A. A.; PORTON, R. A. B. Perspectivas para a contabilidade ambiental. *Revista Contemporânea de Contabilidade*, 1(8), 29-42, jul./dez. 2007.

LONGARAY, A. A.; PORTON, R. A. B.; BEUREN, I. M. Competências essenciais dos empreendedores de empresas de base tecnológica: o caso do centro empresarial para laboração de tecnologias avançadas. In: *XXIII Encontro Nacional de Engenharia de Produção*, 2003, Ouro Preto – MG. Anais do XXIII Encontro Nacional de Engenharia de Produção, 2003. CD-ROM.

LONGARAY, A. A.; SILVEIRA, H. C. Avaliação do grau de satisfação dos usuários de software: o caso da 9ª Superintendência da Polícia Rodoviária Federal. In: *XV SIMPEP – Simpósio de Engenharia de Produção*, 2008, Bauru – SP. Anais do XV SIMPEP, 2008. Disponível em: <www.simpep.feb.unesp.br/anais.php>. Acesso em: 4 nov. 2012.

MARTINS, A. A.; LONGARAY, A. A.; BEUREN, I. M. Características do sistema orçamentário adotado nas maiores empresas industriais catarinenses. *Pensar Contábil, II*(28), 5-12, maio./jul. 2005.

PORTON, R. A. B.; LONGARAY, A. A. A relevância do uso das informações contábeis nos processos decisionais. *Revista da Angrad* (Associação Nacional dos Cursos de Graduação em Administração), 7(4), 89-111, out./nov./dez. 2006.

PORTON, R. A. B.; LONGARAY, A. A. Análise do perfil do criador de empresa em incubadora tecnológica e suas características empreendedoras: o caso Celta. *Revista da Angrad* (Associação Nacional dos Cursos de Graduação em Administração), 6(4), 31-50, out./nov./dez. 2005.

Respostas dos exercícios de revisão

▸ CAPÍTULO 1

1. c
2. e
3. c
4. V; V; F; V; V
5. (2)
   (1)
   (2)
   (2)
   (1)
   (1)
6. d
7. c
8. e
9. b

▸ CAPÍTULO 2

1. e
2. F; V; V; F; V.
3. d
4. c
5. F; F; V; F; F;
6. c
7. Existem várias maneiras de responder a essa questão. Uma das sugestões é, em um dia ensolarado, tomando por base um mesmo ponto horizontal de referência, medir a sombra do prédio e a sombra do termômetro. Com as medidas das sombras de cada um dos itens é possível determinar a altura do prédio, estabelecendo uma relação matemática de proporcionalidade.

Introdução à pesquisa operacional

8. Não existe resposta padronizada. Cada leitor pode imaginar um restaurante diferente, em condições peculiares. Pode-se, entretanto, por meio do diagrama de Ishikawa, criar uma lógica coerente para a situação analisada.

▸ CAPÍTULO 3

1. e
2. d
3. a
4. V; V; F; F; F
5. c
6. d
7. c
8. c
9. a

▸ CAPÍTULO 4

1. $x_1 \rightarrow$ quantidade de mesas produzidas por dia
   $x_2 \rightarrow$ quantidade de cadeiras produzidas por dia
   $$\max Z = 34x_1 + 18x_2$$

   s.a:
   $$12x_1 + 10x_2 \leq 480$$
   $$3x_1 + 1x_2 \leq 72$$
   $$x_1 \geq 0; x_2 \geq 0$$

2. $x_1 \rightarrow$ quantidade de anéis A1 produzidos por dia
   $x_2 \rightarrow$ quantidade de anéis A2 produzidos por dia
   $$\max Z = 7x_1 + 5x_2$$

   s.a:
   $$70x_1 + 100x_2 \leq 5.000$$
   $$12x_1 + 6x_2 \leq 360$$
   $$x_1 \geq 0; x_2 \geq 0$$

▶ Respostas dos exercícios de revisão

3. $x_1 \rightarrow$ quantidade em quilos de latinhas de refrigerante

$x_2 \rightarrow$ quantidade em quilos de garrafas PET

$\max Z = 3x_1 + 5x_2$

s.a:

$0,1x_1 + 0,3x_2 \leq 2,4$

$x_1 + x_2 \leq 20$

$x_1 \geq 0; x_2 \geq 0$

4. $x_1 \rightarrow$ quantidade de capas para violão produzidas por dia

$x_2 \rightarrow$ quantidade de capas para guitarra produzidas por dia

$\max Z = 22x_1 + 28x_2$

s.a:

$40x_1 + 60x_2 \leq 480$

$4x_1 + 3x_2 \leq 30$

$x_1 \geq 0; x_2 \geq 0$

5. $x_1 \rightarrow$ quantidade de anúncios do tipo A contratados pela X-line

$x_2 \rightarrow$ quantidade de anúncios do tipo B contratados pela X-line

$\min Z = 2.500x_1 + 1.500x_2$

s.a:

$50.000x_1 + 30.000x_2 \geq 400.000$

$x_1 + x_2 \leq 10$

$x_1 \geq 0; x_2 \geq 0$

6. $x_1 \rightarrow$ quantidade de P_1 produzida por dia

$x_2 \rightarrow$ quantidade de P_2 produzida por dia

$x_3 \rightarrow$ quantidade de P_3 produzida por dia

$\max Z = 30x_1 + 20x_2 + 50x_3$

s.a:

$20x_1 + 30x_2 + 20x_3 \leq 300$

$40x_1 + 30x_2 + 10x_3 \leq 300$

$10x_1 + 50x_2 + 40x_3 \leq 450$

$x_1 \geq 0; x_2 \geq 0;$

Introdução à pesquisa operacional

7. $x_1 \rightarrow$ quantidade de carne bovina por quilo de almôndega

$x_2 \rightarrow$ quantidade de carne suína por quilo de almôndega

$\min Z = 9x_1 + 5x_2$

s.a:

$70x_1 + 50x_2 \geq 80$

$x_1 + x_2 = 1$

$x_1 \geq 0; x_2 \geq 0$

8. $x_{11} \rightarrow$ número de viagens do porto M_1 ao CD_1

$x_{12} \rightarrow$ número de viagens do porto M_1 ao CD_2

$x_{13} \rightarrow$ número de viagens do porto M_1 ao CD_3

$x_{14} \rightarrow$ número de viagens do porto M_1 ao CD_4

$x_{21} \rightarrow$ número de viagens do porto M_2 ao CD_1

$x_{22} \rightarrow$ número de viagens do porto M_2 ao CD_2

$x_{23} \rightarrow$ número de viagens do porto M_2 ao CD_3

$x_{24} \rightarrow$ número de viagens do porto M_2 ao CD_4

$x_{31} \rightarrow$ número de viagens do porto M_3 ao CD_1

$x_{32} \rightarrow$ número de viagens do porto M_3 ao CD_2

$x_{33} \rightarrow$ número de viagens do porto M_3 ao CD_3

$x_{34} \rightarrow$ número de viagens do porto M_3 ao CD_4

$$\min Z = 16x_{11} + 36x_{12} + 12x_{13} + 32x_{14} + 44x_{21} + 24x_{22} + 12x_{23} + 21x_{24} + 20x_{31} + 10x_{32} + 8x_{33} + 16x_{34}$$

s.a:

$x_{11} + x_{21} + x_{31} = 10$

$x_{12} + x_{22} + x_{32} = 12$

$x_{13} + x_{23} + x_{33} = 15$

$x_{14} + x_{24} + x_{34} = 10$

$x_i \geq 0;\ x_j \geq 0$ com $i = 1, 2, 3$ e $j = 1, 2, 3, 4$

9. $x_1 \rightarrow$ número de empregados que iniciam seu trabalho no turno A

$x_2 \rightarrow$ número de empregados que iniciam seu trabalho no turno B

$x_3 \rightarrow$ número de empregados que iniciam seu trabalho no turno C

$x_4 \rightarrow$ número de empregados que iniciam seu trabalho no turno D

$x_5 \rightarrow$ número de empregados que iniciam seu trabalho no turno E

$x_6 \rightarrow$ número de empregados que iniciam seu trabalho no turno F

$\min Z = x_1 + x_2 + x_3 + x_4 + x_5 + x_6$

Respostas dos exercícios de revisão

s.a:

TURNOS	A	B	C	D	E	F
	x_1	x_1				
		x_2	x_2			
			x_3	x_3		
				x_4	x_4	
					x_5	x_5
	x_6					x_6
			$\geq$			
EQUIPES	7	6	14	9	12	8

$x_1 + x_2 \geq 6$

$x_2 + x_3 \geq 14$

$x_3 + x_4 \geq 9$

$x_4 + x_5 \geq 12$

$x_5 + x_6 \geq 8$

$x_1 + x_6 \geq 7$

$x_1 \geq 0;\ x_2 \geq 0;\ x_3 \geq 0;\ x_4 \geq 0;\ x_5 \geq 0;\ x_6 \geq 0$

10. $x_1 \rightarrow$ quantidade de fertilizante A por pacote de 100 kg de mistura

$x_2 \rightarrow$ quantidade de fertilizante B por pacote de 100 kg de mistura

$x_3 \rightarrow$ quantidade de fertilizante C por pacote de 100 kg de mistura

$x_4 \rightarrow$ quantidade de fertilizante D por pacote de 100 kg de mistura

$x_5 \rightarrow$ quantidade de fertilizante E por pacote de 100 kg de mistura

$min\ Z = 0,30x_1 + 0,2410x_2 + 0,21x_3 + 0,1840x_4 + 0,1780x_5$

s.a:

$10 \leq 10x_1 + 8x_2 + 11x_3 + 10x_4 + 14x_5 \leq 10,5$

$8 \leq 8x_1 + 10x_2 + 6x_3 + 13x_4 + 10x_5 \leq 8,5$

$12 \leq 12x_1 + 14x_2 + 11x_3 + 13x_4 + 7x_5 \leq 12,5$

$x_1 + x_2 + x_3 + x_4 + x_5 = 1$

$x_1 \geq 0;\ x_2 \geq 0;\ x_3 \geq 0;\ x_4 \geq 0;\ x_5 \geq 0$

▶ CAPÍTULO 5

1. $x_1 = 3$; $x_2 = 2$; $Z = 620$
2. $x_1 = 6$; $x_2 = 0$; $Z = 90$
3. $x_1 = 0,80$; $x_2 = 2,40$; $Z = 28,80$
4. $x_1 = 0$; $x_2 = 3$; $Z = 30$
5. $x_1 = 3,23$; $x_2 = 1,92$; $Z = 122,31$
6. $x_1 = 13,33$; $x_2 = 32$; $Z = 1029,33$

   O marceneiro produzirá 13 unidades de cadeiras e 32 unidades de mesas. Com essa programação, seu lucro diário será de aproximadamente R$ 1.029,00.

7. $x_1 = 7,69$; $x_2 = 44,62$; $Z = 276,92$

   O programa ótimo de produção indica que deverão ser produzidas 8 unidades dos anéis do tipo A_1 e 45 unidades dos anéis do tipo A_2, o que resultará em um lucro de aproximadamente R$ 277,00.

8. $x_1 = 18$; $x_2 = 2$; $Z = 64$

   A carroça deverá ser carregada com 18 quilos de latinhas vazias de refrigerante e dois quilos de garrafas PET. O lucro ótimo diário é de R$ 64,00.

9. $x_1 = 3$; $x_2 = 6$; $Z = 234$

   O artesão e seus filhos produzirão, por dia, 3 capas para violão e 6 capas para guitarra, pois esse é o esquema mais vantajoso. Seu lucro será de R$ 234,00.

10. $x_1 = 8$; $x_2 = 0$; $Z = 20.000$

    A X-line vai contratar 8 anúncios do tipo A. Isso atingirá um público de 400.000 pessoas. O investimento mínimo para isso será de R$ 20.000,00.

▶ CAPÍTULO 6

1. $x_1 = 6$; $xF_1 = 12$; $xF_3 = 34$; $Z = 90$
2. $x_1 = 0,67$; $x_2 = 4,67$; $xF_1 = 11,33$; $Z = 153,33$
3. $x_3 = 7$; $xF_2 = 16$; $xF_3 = 16$; $Z = 28$
4. $x_3 = 60$; $xF_1 = 180$; $xF_2 = 108$; $Z = 180$
5. $x_1 = 36,67$; $x_2 = 23,33$; $Z = 386,67$

   O problema admite múltiplas soluções, pois possui uma variável não básica com coeficiente nulo na linha da função-objetivo transformada.

6. $x_1 = 4,17$; $x_4 = 20,83$; $Z = 116,67$

   O problema admite múltiplas soluções, pois possui uma variável não básica com coeficiente nulo na linha da função-objetivo transformada.

7. $x_1 = 2,69$; $x_4 = 1,23$; $Z = 6,62$

▶ Respostas dos exercícios de revisão

8. $x_2 = 3$; $xF_1 = 2$; $Z = 36$

9. $x_2 = 2$; $xF_2 = 8$; $xF_3 = 6$; $Z = 12$

10. $x_2 = 18,57$; $x_3 = 45,71$; $Z = 3042,86$

11. $x_1 = 5$; $x_3 = 10$; $xF_2 = 0$; $Z = 650$

A variável básica xF_2 com valor 0 (zero) indica degeneração (empate na variável de saída). A empresa deve produzir 5 unidades de P_1 e 10 unidades de P_3.

12. $max\ Z = 30x_1 + 45x_2$

s.a:

$60x_1 + 120x_2 \leq 2400$

$0,6x_1 + 1x_2 \leq 60$

$x_1 \geq 0$; $x_2 \geq 0$

$x_1 = 40$; $xF_2 = 36$; $Z = 1.200$

O melhor *mix* de produção do artesão aponta para a produção de 40 unidades de camisetas de *rock'n'roll* com gola redonda, semanalmente, com lucro de R$ 1.200,00. Nessa programação, há sobra de 36 metros de tecido. Isso significa que o lucro unitário de R$ 45,00, auferido por unidade de camisa de *rock'n'roll* com gola polo, não compensa o tempo de fabricação (o dobro da camisa gola redonda) e a quantidade de tecido empregada.

13.

	Monarca	Yarabitã
Preço de venda por pacote	R$ 2,80	R$ 2,00
Matérias-primas por pacote		
Cereal	2,0 kg	3,0 kg
Carne	3,0 kg	1,5 kg
Custo embalagem	R$ 0,25 por pacote	R$ 0,20 por pacote
Recursos		
Capacidade de produção	90 pacotes por mês	Na há restrição
Cereal disponível por mês	400 kg	
Carne disponível por mês	300 kg	
Recursos		
Capacidade de produção	90 pacotes por mês	Na há restrição
Cereal disponível por mês	400 kg	
Carne disponível por mês	300 kg	

$max\ Z = 30x_1 + 45x_2$

s.a:

$$2x_1 + 3x_2 \leq 400$$
$$3x_1 + 1,5x_2 \leq 300$$
$$x_1 \leq 90$$
$$x_1 \geq 0;\ x_2 \geq 0$$
$$x_1 = 50;\ x_2 = 100;\ xF_3 = 40;\ Z = 77,50$$

A Super Dog deve fabricar 50 pacotes da ração Monarca e 100 pacotes da ração Yarabitã. O lucro ótimo da programação é de R$ 77,50. Há sobra de maquinaria para produção da ração Monarca capaz de fabricar 40 pacotes dessa ração.

▶ CAPÍTULO 7

1. $\max D = 7y_1 + 14y_2 + 10y_3$

   s.a:

   $$1y_1 + 6y_2 + 3y_3 \leq 11$$
   $$3y_1 + 4y_2 + 1y_3 \leq 22$$
   $$y_1 \geq 0;\ y_2 \geq 0;\ y_3 \geq 0$$

2. $\min D = 143y_1 + 45y_2 + 18y_3$

   s.a:

   $$34y_1 + 5y_2 + 2y_3 \geq 8$$
   $$23y_1 + 9y_2 + 1y_3 \geq 9$$
   $$21y_1 + 3y_2 + 3y_3 \geq 7$$
   $$y_1 \geq 0;\ y_2 \geq 0;\ y_3 \geq 0$$

3. $\max D = 100y_1 + 150y_2 + 200y_3$

   s.a:

   $$4y_1 + y_2 + 2y_3 \leq 2$$
   $$2y_1 + 3y_2 + y_3 \leq 5$$
   $$y_1 + 4y_2 + 3y_3 \leq 2$$
   $$2y_1 + 7y_2 + y_3 \leq 5$$
   $$y_1 \geq 0;\ y_2 \geq 0;\ y_3 \geq 0$$

▶ Respostas dos exercícios de revisão

4. $min\ D = 42y_1 + 68y_2$

s.a:

$2y_1 + 3y_2 \geq 2$
$-3y_1 + y_2 \geq 3$
$6y_1 + 2y_2 \geq 1$
$7y_1 + 4y_2 \geq 4$
$5y_1 + 2y_2 \geq 2$
$y_1 \geq 0;\ y_2 \geq 0$

5. $min\ D = 30y_1 + 6y_2$

s.a:

$4y_1 + y_2 \geq 8$
$-5y_1 + y_2 = 4$
$3y_1 + 3y_2 \geq 4$
$y_1 \geq 0; y_2 \geq 0$

6. $max\ D = 440y_1 + 120y_2$

s.a:

$11y_1 + 2y_2 \leq 70$
$4y_1 + 4y_2 \leq 90$
$8y_1 + y_2 \leq 30$
$y_1 \geq 0;\ y_2 \rightarrow livre$

7. $min\ D = 263y_1 + 251y_2$

s.a:

$12y_1 + y_2 \geq 20$
$14y_1 + 13y_2 \geq 30$
$18y_1 + 21y_2 \geq 50$
$y_1 \geq 0;\ y_2 \geq 0$

8. $min\ D = 50y_1 + 40y_2$

s.a:

$2y_1 + y_2 = 3$
$-3y_1 + y_2 \geq 1$
$3y_1 + 2y_2 \geq 2$
$y_1 \geq 0;\ y_2 \rightarrow livre$

9.

D	y_1	y_2	yF_1	yF_2	c_i
-1	0	0	1	$\dfrac{3}{2}$	-45
0	1	0			$\dfrac{15}{8}$
0	0	1			$\dfrac{5}{4}$

10. $max\ D = 72y_1 + 106y_2 + 94y_3$

s.a:

$2y_1 + 8y_2 + 2y_3 \le 4$

$4y_1 + 7y_2 + 3y_3 \le 3$

$3y_1 + 5y_2 + 8y_3 \le 1$

$y_1 \ge 0;\ y_2 \ge 0;\ y_3 \ge 0$

D	y_1	y_2	y_3	yF_1	yF_2	yF_3	c_i
1	0	14	98	0	0	24	24
0	0	4,67	-3,33	1	0	-0,67	3,33
0	0	0,33	-7,67	0	1	-1,33	1,67
0	1	1,67	2,67	0	0	0,33	0,33

Z	x_1	x_2	x_3	xF_1	xF_2	xF_3	b_i
1	3,33	1,67	0	0,33	0	0	24
0			1		0	0	24
0			0		1	0	14
0			0		0	1	98

▶ CAPÍTULO 8

1. a) $max\ D = 36y_1 + 56y_2 + 24y_3$

s.a:

$9y_1 + 8y_2 + 4y_3 \le 8$

$6y_1 + 7y_2 + 3y_3 \le 14$

$12y_1 + 2y_2 + 2y_3 \le 16$

$y_1 \ge 0;\ y_2 \ge 0;\ y_3 \ge 0$

▶ Respostas dos exercícios de revisão

b)

D	y_1	y_2	y_3	yF_1	yF_2	yF_3	c_i
1	27	0	4	7	0	0	56
0	1,13	1	0,5	0,13	0	0	1
0	−1,88	0	−0,5	−0,88	1	0	7
0	9,75	0	1	−0,25	0	1	14

c)

Z	x_1	x_2	x_3	xF_1	xF_2	xF_3	b_i
1	0	7	14	0	1	0	56
0	1			0		0	7
0	0			1		0	27
0	0					1	4

d) $xF_1 = 27 \rightarrow$ o recurso da primeira restrição é ocioso e tem folga de 27 unidades.

   $xF_2 = 0 \rightarrow$ o recurso da segunda restrição é escasso.

   $xF_3 = 4 \rightarrow$ o recurso da terceira restrição é ocioso e tem folga de 4 unidades.

e) $y_1 = 0 \rightarrow$ o recurso da primeira restrição tem valor de oportunidade 0 (zero), o que é coerente, por se tratar de recurso ocioso.

   $y_2 = 1 \rightarrow$ o recurso da segunda restrição tem valor de oportunidade 1. Cada unidade de recurso oriundo da segunda restrição pode alterar o objetivo em uma unidade. Se diminuirmos uma unidade da disponibilidade de y_2:

$$\max D = 36y_1 + 56y_2 + 24y_3$$
$$\max D = 36(0) + (56 - 1)y_2 + 24(0)$$
$$\max D = 55(1)$$
$$\max D = 55$$

   O valor de D reduz de 56 para 55 unidades.

   $y_3 = 0 \rightarrow$ o recurso da terceira restrição tem valor de oportunidade 0 (zero), o que é coerente, por se tratar de recurso ocioso.

f) A função-objetivo primal, nesse caso, mede o menor custo possível para o modelo, representado por meio das quantidades das variáveis de decisão. A função-objetivo dual mede a capacidade dos recursos em cobrir os custos mínimos do modelo. No exemplo do modelo em questão, o valor total dos custos do modelo ($Z = 56$) cobre o valor de oportunidade dos recursos ($D = 56$).

g) O lado esquerdo representa o valor de oportunidade da restrição. Como o primal deste exercício é de minimização, o valor de oportunidade diz respeito à contribuição que cada variável dual dá para cobrir os custos mínimos da fabricação de x_1.

h) O lado direito indica o valor mínimo para cobrir os custos de produção x_1.

209

i) $9(0) + 8(1) + 4(0) \le 8$

   $8 \le 8$

   Como há equidade entre os valores dos lados esquerdo e direito ($8 = 8$) da primeira restrição, o investimento em x_1 é viável.

j) O lado esquerdo representa o valor de oportunidade da restrição. Como o primal deste exercício é de minimização, o valor de oportunidade diz respeito à contribuição que cada variável dual dá para cobrir os custos mínimos da fabricação de x_2.

k) O lado direito indica o valor mínimo para cobrir os custos de produção x_2.

l) $6(0) + 7(1) + 3(0) \le 14$

   $7 \le 14$

   Como o valor de oportunidade de x_2 (lado esquerdo da segunda restrição) não atinge o valor mínimo para cobrir seus custos de produção (lado direito da segunda restrição), o investimento em x_2 é inviável.

m) O lado esquerdo representa o valor de oportunidade da restrição. Como o primal deste exercício é de minimização, o valor de oportunidade diz respeito à contribuição que cada variável dual dá para cobrir os custos mínimos da fabricação de x_3.

n) O lado direito indica o valor mínimo para cobrir os custos de produção x_3.

o) $12(0) + 2(1) + 2(0) \le 16$

   $2 \le 16$

   Como o valor de oportunidade de x_3 (lado esquerdo da terceira restrição) não atinge o valor mínimo para cobrir seus custos de produção (lado direito da terceira restrição), o investimento em x_3 é inviável.

2. a) Sim, o recurso da primeira restrição é escasso ($xF_1 = 0$)

   b) Sim, o recurso da segunda restrição é ocioso. Há 33 unidades desse recurso em excesso, $xF_2 = 33$

   c) O *shadow price* de xF_1 é 0,50.

   d) O *shadow price* de xF_2 é 0 (zero).

   e) O recurso da primeira restrição é xF_1 Como é um recurso escasso, cada unidade de xF_1 acrescida na disponibilidade aumenta o objetivo em 0,50.

   f) Tomando a função-objetivo transformada do quadro final do SIMPLEX:

   $$Z + 1x_1 + 1x_2 + 0x_3 = 36$$
   $$Z = 36 - 1x_1 - 1x_2 - 0x_3$$

   Se o produto A tiver uma unidade produzida, ou seja, se $x_1 = 1$:

   $$Z = 36 - 1(1) - 0 - 0$$
   $$Z = 35$$

   g) Tomando a função-objetivo transformada do quadro final do SIMPLEX:

   $$Z = 36 - 1x_1 - 1x_2 - 0x_3$$

> ▶ Respostas dos exercícios de revisão

Se o produto B tiver uma unidade produzida, ou seja, se $x_2 = 1$:

$Z = 36 - 0 - 1(1) - 0$

$Z = 35$

3. a) $\min D = 72y_1 + 60y_2$

s.a:

$4y_1 + 2y_2 \geq 1$

$6y_1 + 1y_2 \geq 2$

$8y_1 + 3y_2 \geq 4$

$y_1 \geq 0;\ y_2 \geq 0$

b)

D	y_1	y_2	yF_1	yF_2	yF_3	c_i
1	0	33	0	0	9	36
0	0		1	0		1
0	0		0	1		1
0	1					0,50

c) $y_1 = 0,50 \rightarrow$ o recurso da primeira restrição tem valor de oportunidade 0,50, o que é coerente, por se tratar de recurso escasso.

$y_2 = 0 \rightarrow$ o recurso da segunda restrição tem valor de oportunidade 0 (zero). Ele é um recurso em excesso.

d) As variáveis yF_1 do modelo dual equivalem às variáveis x_i do algoritmo primal, na relação coeficiente $\rightarrow$ variável e vice-versa.

$yF_1 = 1 \rightarrow$ valor de oportunidade do produto A. Produzir uma unidade de A (x_1) reduz Z em uma unidade.

Valor de yF_1 é o coeficiente de x_1 na linha da função-objetivo transformada:

$Z = 36 - 1x_1 - 1x_2 - 0x_3$

$Z = 36 - 1(1) - 0 - 0$

$Z = 35$

$yF_2 = 1 \rightarrow$ valor de oportunidade do produto B. Produzir uma unidade de B (x_2) reduz Z em uma unidade.

Valor de yF_2 é o coeficiente de x_2 na linha da função-objetivo transformada:

$Z = 36 - 1x_1 - 1x_2 - 0x_3$

$Z = 36 - 0 - 1(1) - 0$

$Z = 35$

$yF_3 = 0 \rightarrow$ valor de oportunidade do produto C. A produção de uma unidade a mais do produto C (x_3) não altera Z.

Introdução à pesquisa operacional

Valor de yF_3 é o coeficiente de x_3 na linha da função-objetivo transformada:

$Z = 36 - 1x_1 - 1x_2 - 0x_3$

$Z = 36 - 0 - 0 - 0(0)$

$Z = 36$

e) O lado esquerdo aponta o valor interno do produto A (x_1) em termos dos recursos nele empregados.

f) O lado direito mede o valor externo (de mercado) do produto A (x_1).

g) $4(0,50) + 2(0) \geq 1$

$2 \geq 1$

Como o custo de x_1 (lado direito da primeira restrição) é maior que o valor que o mercado remunera (lado esquerdo), a produção de x_1 (produto A) é inviável.

▸ CAPÍTULO 9

1. c
2. e
3. d
4. a
5. d
6. a
7. c
8. b
9. b
10. e

212